DE L'ORTHOGRAPHE

OU

MOYÉNS SIMPLES

ET RAISONÉS

De diminuer les imperfections de notre Orthographe, de la rendre beaucoup plus aisée, de faire conaître la Quantité & la Prononciation des mots les plus dificiles : pour servir de Suplément aus diférentes Éditions de la Gramaire Française de M. de Wailly.

Nouvele Édition, considérablement augmentée.

A LYON,

Chez Pierre Bruyset Ponthus, Jean-Marie Bruyset, rue S. Dominique. Benoit Duplain, Veuve Duplain, rue Merciere.

ET A PARIS,

Chez J. Barbou, rue des Mathurins.

M DCC LXXI.

AVERTISSEMENT.

J'ai orthographié cet écrit ſuivant les Moyéns que je propôſe de ſimplifier notre Orthographe : voici un précis de ce que j'ai fait pour fixer la prononciation des mots les plus dificiles.

1°. Em, en, *ſonent dans notre langue come* an, empêchement, empreſſement, temple, entendement, &c. *C'eſt là l'uſage ordinaire, & je n'y change rién.*

Mais quand em, en, *ſonent come dans les mots latins* tempus, dentes, *pour avertir de cete prononciation, je mets ſur l'*e *l'accent aigu ou fermé.* Bémbo, Agén, le bién, le ſoutién, la chrétiénté, il viéndra, il entretiéndra.

Si les lètres em, en, *ſonent come* ème, ène, *je mets ſur l'*e *l'accent grave ou ouvert.* Jéruſalèm, Harlèm, abdomèn, himèn, examèn. *Acad.* Empènné, déſempènné, triènnal, &c.

2°. *Je place l'accent circonflexe ou long ſur les voyeles longues, qu'on ait retranché une lètre aprês la voyele, ou qu'on n'en ait pas retranché :* La grâce, l'âme, la flâme, l'avâre, gâgner, ils donêrent, ils promîrent, ils lûrent, le procês, le ſuccês, le châſſis, &c.

3°. *Les consones finales de nos mots ne se prononcent pas ordinairement :* le plomb, le marc, le tabac, l'estomac, un broc, un croc, les échecs, le piéd, la cléf, Adam, le nom, le pronom, entier, doner, lancer, le boulanger, accês, excês, un tas, un bras, un avis, un abus, un complot, un but, &c, *nous écrivons ces mots come on les voit ici.*

Mais lorsque dans d'autres mots semblables la consone finale se prononce fortement, alors pour en avertir nous mètons sur la voyele l'accent ` *:* Le radoùb, un ròb, Jacòb, S. Màrc, le tillàc, le trictràc, un caudebèc, un échèc, un basilìc, le publìc, un tròc, un blòc, un aquédùc, Obèd, Davìd, un chèf, la nèf, amèr, cancèr, cuillèr, hivèr, univèrs, le kermès, Cérès, un às, la vìs, le blocùs, la dòt, &c, &c.

4°. *La lètre* l *est ordinairement mouillée dans les mots terminés en* il : Avril, babil, péril, émail, travail, conseil, &c. *Come c'est l'usage ordinaire, je ne mets rièn sur ces mots.*

Mais quand dans les mots en il *la finale se prononce & n'est pas mouillée, je mets sur l'*i *l'accent* ` *:* le fìl, subtìl, vìl, puérìl, volatìl, en mìl cinq cent douze, &c.

Dans les mots terminés en il *où la finale ne se prononce pas, je propôse ou de retrancher la lètre* l, *ou de mètre sur l'*i *un accent fermé :* le fusi, un outi, mon fis, &c. *ou* le fusíl, un outíl, mon fíls, &c.

5°. *Dans le corps du mot* gn *ont ordinairement un ſon mouillé*, Un agneau, il régna, compagnie, &c.

Quand le g *ſuivi de la lètre* n, *a le ſon de* gue, *pour en avertir nous mètons l'accent* ` *ſur la voyele qui précede le* g : àgnat, àgnation, diàgnoſtìc, ſtàgnation, Prògné, &c.

6°. *Nous plaçons le même accent ſur l'*u *de* gui, *quand ces lètres forment une diphthongue:* aigùiſer, aigùille, *la vile de* Gùiſe, &c. *On ſaura par ce moyén que dans ces mots les lètres* gui *ne ſe prononcent ni come dans* anguille, déguiſer, vivre à ſa guiſe; *ni come dans* ambigüité, contigüité, &c.

7°. *Nous employons encore le même accent dans* éqùateur, eqùeſtre, qùinqùagéſime, qùeſteur, &c. *pour avertir que ces mots ſe prononcent autrement que ceus ci :* qualité, requérir, quinquina, &c.

8°. *Je place le tréma ou les deus points ſur toute voyele qui ne doit pas être prononcée ou faire ſylabe avèc la ſuivante* : Häir, Säul, ïota, impïété, frïand, héröique, ſtöicién, cigüe, vertüeus, il argüa, &c.

9°. *Conformément à ce que nous avons déja fait pour la moitié de nos mots, je ſuprime les doubles conſones ſans valeur, que nous ſomes obligés de ſuprimer mentalement quand nous liſons. Par ces Moyéns qui me paraiſſent ſimples, je pourai doner en un vol.* in-8° *la ſignification, la prononciation & la quantité des mots de notre langue, avèc l'explication de la plus grande partie de nos expressions figurées & proverbiales. L'Ouvrage est fait : avant d'en comencer l'impression, les Libraires voudraient savoir si les petits changements que je propôse sont utiles, raisonables, &c. en un mot, s'ils peuvent les suivre dans ce Dictionaire. Nous prïons donc instament Mrs les Gens de Lètres de vouloir bién nous marquer leur sentiment sur cet objet, & de nous adresser leurs lètres chez M. BARBOU, rue des Mathurins, & chez Mrs BRUYSET & DUPLAIN, Libraires à Lyon.*

MOYÉNS SIMPLES

ET RAISONÉS

De diminuer les imperfections de notre Orthographe, de la rendre beaucoup plus aisée, de faire conaître la Quantité & la Prononciation des mots les plus dificiles : Pour servir de Suplément aus diférentes Éditions de la Gramaire Française de M. de Wailly.

IL y a peu de persones qui ne se trouvent embarassées sur l'Orthographe & la Prononciation d'une grande quantité de mots de notre Langue. Pourquoi ? C'est que nous avons retranché dans la moitié de nos mots les lètres sans valeur, & que nous les avons conservées dans l'autre moitié. Les persones qui voient ces lètres sans valeur sont arêtées dans leur lecture, parce que dans certains mots on les prononce, tandis que dans d'autres ſemblables èles n'ont aucun ſon. Cete biſarerie de notre Orthographe eſt cauſe qu'il n'y a peut-être pas deux Ouvrages qui ſoient par-tout orthographiés de même. Cete variété fait perdre beaucoup de tems aus Compoſiteurs dans les imprimeries, aus Gens de Lètres qui font imprimer leurs ouvrages ; en un mot à tous ceus qui veulent orthographier & prononcer corectement la Langue Françaiſe. On eſt ſouvent obligé d'avoir recours à ſon Dictionaire.

M'étant chargé de retoucher l'abrégé du Dictionaire de Richelet, je me ſuis propoſé d'y coriger les définitions vicieuſes, d'y ajouter les mots qui y manquaient & la plus grande partie de nos expreſſions figurées & proverbiales ; d'y mètre une table de nos Conjugaiſons, avec les irrégularités des Verbes qui ne ſuivent pas la marche générale ; d'y marquer la prononciation des mots, leur quantité, en quel ſtile ils s'emploient, de les orthographier d'une maniere plus raiſonée, par conſéquent plus comode & ſujète à moins d'exceptions, ſans pourtant m'écarter beaucoup de l'orthographe actuele.

Les Dictionaires de l'Académie & de Trévoux ont été mes principaus guides dans ce travail. Mes additions ne laiſſeront pas d'être conſidérables, il y aura au-moins dis mile mots & dis mile phraſes d'augmentation. Come ce livre n'eſt qu'un abrégé, j'ai tâché d'y mètre beaucoup de concision, afin de faire entrer dans un petit espace les diférents objets que je viéns d'indiquer. Je me suis aussi apliqué à éviter les redites. Plusieurs mots dans les précédentes Editions se trouvaient répétés en diférents endroits, parce qu'on les avait écrits de deus manieres diférentes ; j'ai eu soin de faire disparaître ces répétitions. De même les expressions figurées, les phrases proverbiales pouvaient être répetées en trois ou quatre endroits : par exemple, cete phrase, *tenir quelqu'un le bèc dans l'eau*, pourait être au mot *tenir*, au mot *bèc* & au mot *eau ;* j'ai tâché d'éviter de pareilles redites, & de ne mètre qu'à un endroit ces sortes d'expressions. J'ai trouvé des manieres abrégées de marquer la prononciation d'une grande quantité de mots, come je le dirai dans la suite de ce discours. Ces principes que je me suis faits & qui sont à la portée de tout le monde, me dispensent de répéter la même chôse en plus de cinq cents endroits de l'ouvrage.

Avant de comencer ce travail, j'ai consulté M. Duclos Secrétaire perpétüel de l'Académie Française, pour savoir s'il n'y aurait pas d'inconvénient à suivre les moyéns de simplifier notre Orthographe, que je propôse dans la sisieme édition de ma Gramaire. Voici la réponse que m'a faite cet illustre Académicién.

Je ne puis, Monſieur, conſeiller une Orthographe diférente de cèle que je ſuis moi-même; autrement je ſerais en contradiction avèc des principes que je crois avoir juſtifiés dans mes Remarques ſur la Gramaire de Port-Royal. Je ſais que pluſieurs Ecrivains & Imprimeurs n'atendent pour ſuprimer les conſones doubles ſans valeur, que de les voir ſuprimées dans le Dictionaire de l'Académie. L'Académie en convenant que cete réforme ſerait raiſonable, n'atend pour l'adopter, que de la voir un peu plus ſuivie qu'èle ne l'eſt encore, & je la vois três diſpoſée à le faire dans la premiere édition qu'èle donera. Les Compagnies marchent toujours dans les meilleures voies plus lentement que les particuliers. J'avoue qu'il ne faut aler que par degrés; mais la ſupreſſion des conſones inutiles eſt la plus légere réforme qu'on puiſſe faire.

Depuis cete lètre, j'ai réfléchi de nouveau ſur notre Orthographe, j'y ai fait des découvertes qui la faciliteront beaucoup, & qui fixeront la prononciation d'un três grand nombre de mots. Mais plus j'ai étudié cete matiere, plus j'ai ſenti la néceſſité de ſuprimer la plupart des conſones ſans valeur, conformément à ce qu'on a déja fait pour la moitié de nos mots. Avant que j'uſſe examiné à fond cete partie de la Gramaire, j'étois du ſentiment de ceus qui diſent qu'il ne faut rién changer. Je penſe actüélement come tous les Gramairiéns philoſophes qui ont réfléchi ſur notre Orthographe.

M. du Marſais a ſuprimé dans ſes Ouvrages la plupart des conſones redoublées ſans valeur (Voyez ſon Traité des Tropes). Les Imprimeurs qui vienent de doner ſa Logique, auraient du ſe conformer à l'Orthographe du manuſcrit, & ne pas prétendre coriger de pareils Auteurs qui tendent à nous raprocher du vrai.

Le pere Buffier ſuprime auſſi dans ſa Gramaire les doubles lètres ſans valeur; il fait à ce ſujet des réflexions fort ſenſées, & raporte les noms de plus de cinquante bons Auteurs qui retranchaient les conſones inutiles. » J'ai trouvé, dit-il, la nouvele » Orthographe dans plus des deus tiers des » livres qui s'impriment depuis dis ans. « Le P. Sanadon (Poéſies d'Horace, préf. p. 28) ajoûte que depuis la ſuputation du P. Buffier, le nombre des partiſans de la nouvele Orthographe s'eſt augmenté, & qu'il s'augmente encore tous les jours. Cete Orthographe que nous apelons nouvele, était, dit M. Mannori, cèle de nos plus anciéns Ecrivains, de preſque tous les Auteurs des XI & XIIe. ſiecles. Dans le Villehardouin, imprimé en 1585 ſur le manuſcrit de l'Auteur, on voit *home*, *dône*, *per-*

ſone, &c. Ce ſont ſans doute les Maîtres à écrire qui ont introduit ces ſecondes *m* & *n* dans *comme*, *homme*, *bonne*, *honneur*, *&c.* parce que ces jambages multipliés ſervent à délier la main de ceus qui aprenent à écrire.

Nous ſuprimerons en conſéquence dans ce Dictionaire les doubles lètres ſans valeur; mais pour contenter, s'il ſe peut, les diférents goûts, aprês avoir mis le mot, ſuivant la prononciation, nous le mètrons ſuivant l'Orthographe actüele du Dictionaire de l'Académie: par exemple, *abé* ou *abbé*, *acourcir* ou *accourcir*; *adoner* ou *adonner*; *afranchir*, *affranchir*; *aléguer*, *alléguer*, &c. Pour abréger, nous ne mètrons ces mots avèc les doubles lètres qu'au premier de la même famille; ainſi aprês avoir mis *atendre*, *attendre*, nous nous contenterons d'écrire *atente*, *atentìf*, *atention*, *&c.* ſans ajouter ou *attente*, *attentìf*, *attention*, *attentivement*, &c.

Il n'eſt point queſtion dans ce que je propôſe, d'inventer de nouveaus caracteres, ou de faire des changements ridicules, tels que ceus de Leſclache, Lartigault, Rambaut, Ramùs, le P. Vaudelin, &c. il ne faut guère que ſe régler ſur la bone prononciation, je veus dire ôter dans l'écriture les lètres que nous ſomes obligés de retrancher mentalement, lorſque nous liſons. Je conſerverai même, ſi l'on veut, *y* grèc, *ph*, *rh*, *th*, parce que ces caractères qui ſont voir que le mot eſt grèc d'origine, ne rendent point la prononciation équivoque; ainſi j'écrirai *myſtere*, *mythologie*, *philoſophe*, *rhétorique*, *théologie*, &c. En un mot les changements que je propôſe ſont ſimples & raiſonés, faciles à faire, & conformes à ceus que nous avons déja faits pour la moitié de nos mots dans les mêmes circonſtances. J'ajoûte que ces petits changements rendront notre Orthographe beaucoup plus facile, plus ſuivie, plus uniforme, plus propre à faire conaître la prononciation des mots. Ils rendront infiniment moins dificiles les principes de la lecture. Nous ne perfectionerons jamais rién, ſi nous voulons toujours ſuivre la routine. Ne s'eſt-on pas bién trouvé de ne plus employer indiféramment le *v* pour l'*u*, le *j* pour l'*i*, come feſaient nos peres? Je n'ai pas balancé d'abandoner avèc les Gramairiéns les plus récents & les plus eſtimables, l'atirail des cas, des déclinaiſons & des diférentes ſortes d'articles, que l'uſage uniforme de pluſieurs ſiecles ſemblait avoir conſacré. Le public éclairé a reçu favorablement les idées plus juſtes & les termes plus convenables qu'on y a ſubſtitués. On a de même beaucoup ſimplifié les regles des participes & pluſieurs autres parties de la Gramaire. Ces innovations utiles ont beaucoup facilité l'étude de notre Langue ; èles en font mieux ſentir le caractere & le génie. Il me ſemble que quand l'uſage eſt partagé, un Gramairién peut & même doit propoſer le plus ſimple, le plus fondé en raiſon. Les petits changements que je propôſe ſur l'Orthographe n'ont-ils pas ces deus caracteres ?

Les trois Gramairiéns Philoſophes que j'ai cités, connaiſſaient três bién la matiere dont il s'agit ici ; leurs réflexions ſur notre Langue ſont généralement eſtimées ; c'eſt déja un grand préjugé en leur faveur ; car il eſt à croire que des Auteurs de ce mérite, de cete réputation n'ont pas tenté une innovation, uniquement pour le plaiſir d'innover : ils ont ſurement balancé les avantages & les inconvénients de leur ſyſtême.

Quel eſt le but de ces Philoſophes ? En retranchant la plupart des conſones ſans valeur, ils veulent raprocher l'Orthographe de la bone prononciation, c'eſt-à-dire, rapeler l'écriture à ſa vraie inſtitution, à ſon unique objet ; les lètres n'ont été inventées que pour repréſenter la parole. Leur Orthographe me paraît donc la plus raiſonable, come la plus facile. C'eſt ce qui me la fait adopter pour la plus grande partie. Ce n'eſt pas aſſurément l'envie d'innover, je n'enviſage que l'utilité publique. Je ſais par expérience, combién il en coûte pour aprendre notre Orthographe & notre prononciation. Je voudrais diminuer cete peine aus jeunes-gens de l'un & de l'autre ſexe, aus étrangers, j'ajouterai même aus gens de lètres; car quel eſt l'home de lètres qui ne ſe trouve pas obligé de recourir au Dictionaire pour l'orthographe & la prononciation de pluſieurs mots?

En confrontant les diférentes éditions de nos Dictionaires, on s'aperçoit qu'on a retranché dans les dernieres une infinité de conſones qui ſubſiſtaient dans les premieres. Ces changements ont ſurement amélioré notre Orthographe; mais come ils n'ont été faits qu'au haſard & ſans principes raiſonés, ils n'ont remédié qu'à une partie de ſes défauts; & l'on a laiſſé ſubſiſter d'autres biſareries qu'on aurait du faire également diſparaître pour les mêmes raiſons. Tous ceus qui ont réfléchi ſur les inconſéquences de notre Orthographe ſouhaitent qu'on la ſimplifie. Que de pleurs & de punitions on épargnerait aus enfants qui aprenent à lire! Oui, l'Académie & les gens de lètres rendront un grand ſervice à la jeuneſſe, aus perſones de province & aus étrangers, s'ils veulent concourir à ce but. Le tems qu'on paſſe à retenir l'orthographe & la prononciation d'une infinité de mots, on l'emploiera à ſe former le cœur & l'eſprit.

Pour que l'orthographe fût dans ſa perfection, il faudrait :

1°. Que toute figure marquât quelque ſon ; c'eſt-à-dire, qu'on n'écrivît rién qu'on ne prononçât.

2°. Que tout ſon fût marqué par une figure, c'eſt-à-dire, qu'on ne prononçât rién qui ne fût écrit.

3°. Que chaque figure ne marquât qu'un ſon ou ſimple ou double.

4°. Qu'un même ſon ne fût point marqué par des figures diférentes.

Ces quatre regles ſont tirées de la Gramaire de Port-Royal. Mais quiconque proposerait de les mètre exactement en pratique aujourd'hui, propoſerait ſans doute une chôſe qui ne réuſſirait pas, quelque raiſonable qu'èle fût ; parce qu'en matiere d'uſage, ce n'eſt que par des ménagements qu'on parviént au ſuccês. Il faut plus d'égards que de mépris pour les préjugés qu'on veut guérir. M. Duclos.

Si l'on ſuivait exactement les quatre regles que je viéns de raporter, il faudrait inventer de nouveaus caracteres, come ont fait Ramus, Rambaut, &c. il faudrait écrire *antandemant*, *ambraſemant*, *uzaje*, *partaje*, &c. Ces innovations & d'autres encore plus conſidérables feraient dans le cas de révolter. Pour moi je ne change point notre Orthographe de principe, ni cèle dont on peut doner des regles générales ; tele eſt l'orthographe des noms par raport aus genres & aus nombres, cèle des verbes par raport aus tems & aus perſones ; ou ſi j'y fais quelques petits changements inſenſibles, c'eſt pour rendre les regles plus générales & ſujètes à moins d'exceptions. C'eſt pour doner la même orthographe à des mots dérivés les uns des autres, & qui ont la même prononciation. Je ne propôſe donc que de diminuer les biſareries, les dificultés & les imperfections de notre orthographe. Voyons en quoi èles conſiſtent.

Notre Orthographe actüele eſt fort dificile & fort imparfaite :

1°. Parce que nos meilleurs Dictionaires écrivent diféramment les mêmes mots.

2°. Parce qu'à chaque nouvele édition, ils changent l'orthographe de pluſieurs mots, & que ces changements ſe font ſans principes & ſans uniformité.

3°. Parce que notre orthographe n'eſt pas conforme à la prononciation, & que c'eſt la prononciation qui doit, juſqu'à un certain point, régler l'orthographe des langues.

4°. Parce que nos Dictionaires & nos Ecrivains ne ſont pas d'acord entre eus ſur l'emploi des accents.

5°. Parce qu'on ne tire pas des accents & du tréma l'uſage qu'on pourait en tirer.

6°. Parce qu'avèc l'orthographe actüele,

il eſt très dificile, même à un Français inſtruit, de n'être pas embaraſſé ſur la prononciation & ſur l'orthographe de pluſieurs mots de notre Langue.

Il s'agit maintenant de prouver ces ſix propoſitions. Il me ſemble que ſi je viéns à bout de les démontrer clairement, je prouve la dificulté & les imperfections de notre orthographe, & que je fais voir en même tems l'utilité, pour ne pas dire la néceſſité d'adopter les changements que je propôſe, s'ils ſont tels que je les ai anoncés, p. 11.

I. *Nos meilleurs Dictionaires écrivent diféramment les mêmes mots.*

Pour prouver cete propoſition, je vais raporter une liſte de mots que j'ai copiés dans le Dictionaire de l'Académie, édition de 1762; dans celui de Trévoux, édition de 1732; & dans celui d'Orthographe ou de Poitiers, édit. de 1764. Dans une troiſieme colone, je mètrai la maniere dont j'orthographie les mêmes mots, on vèra que je ſuis preſque toujours conforme à l'un des trois Dictionaires, & plus ſouvent à celui de l'Académie.

ACADÉMIE.	TREVOUX. POITIERS.	ORTHOGRAPHE NOUVELE.
Abattement	*T.* abatement	abatement.
Abatteur.	abateur	abateur.
Abattre	abatre	abatre.
Aboi	abboi	aboi.
Aboiement	abboyement	aboiement *ou* aboïment.
Aboyer	abboyer	aboyer.
Aboÿeur	abboyeur	aboyeur.
Abreuvoir	abbreuvoir	abreuvoir.
Abreuver	abbreuver	abreuver.
Acagnarder	accagnarder	acagnarder.
Accolade	*P.* accollade	acolade.
Accoler	accoller	acoler.
Acolyte	acolythe	acolite *ou* acolyte.
Accon	*T.* acon	acon.
Acoquinant	*P.* accoquinant	acoquinant.
Acoquiner	accoquiner	acoquiner.
Abſinthe	abſynthe	abſinte *ou* abſinthe.
Agrafe	agraffe	agrafe.
Agrafer	agraffer	agrafer.
Aigail	aiguail	aigail.
Alchimie	alchymie	alchimie.
Alchimique	alchymique	alchimique.
Alchimiſte	alchymiſte	alchimiſte.
Alcali	alkali	alcali.
Alcalin	alkalin	alcalin.
Alcaliſer	alkaliſer	alcaliſer.
Acotter	*T.* acoter	acoter.
Acottoir	acotoir	acotoir.
Acquitter	acquiter	aquiter.
Ajournement	adjournement	ajournement.
Ajourner	adjourner	ajourner.
Alléſer	allezer	aléſer.
Aliaire	alliaire	aliaire.
Alleu	*P.* aleu	aleu.
Ambroiſie	ambroſie	ambroiſie.
Amidonier	amidonnier	amidonier.

ACADÉMIE.	TREVOUX. POITIERS.	ORTHOGRAPHE NOUVELLE.
Ancolie	ancholie	ancolíe.
Antologie	anthologie	antologie.
Apaiſer	appaiſer	apaiſer.
Apetiſſement	appetiſſement	apetiſſement.
Apetiſſer	appetiſſer	apetiſſer.
Aplanir	applanir	aplanir.
Aplatiſſement	applatiſſement	aplatiſſement.
Apercevable	appercevable	apercevable.
Apercevoir	appercevoir	apercevoir.
Appeler	appeller	apeler.
Appelant	appellant	apelant.
Archaïſme	arcaïſme	arcäiſme.
Argile	argille	argile.
Argileux	argilleux	argileus.
Aramber	arramber	aramber.
Araſer	arraſer	araſer.
Aſile	aſyle	aſile.
Atelier	attelier	atelier.
Azoth	azot	aſot *ou* azot.
Avénement	*T.* advénement	avénement.
Avenir	advenir	avenir.
Avent	advent	avent.
Avertir	advertir	avertir.
Avocat, &c.	advocat, &c.	avocat.
Bacile	*P.* Bacille	bacile.
Banal	bannal	banal.
Banalité	bannalité	banalité.
Faſéole	phaſéole	faſéole.
Flegmatique	phlegmatique	flegmatique.
Flegme	phlegme	flegme.
Flegmon	phlegmon	flegmon.
Flegmoneux	phlegmoneux	flegmoneus.
Haſard	hazard	haſard.
Haſarder	hazarder	haſarder.
Haſardeux	hazardeux	haſardeus.
Haſardeuſement	hazardeuſement	haſardeuſement.
Hémorragie	hémorrhagie	hémoragie.

ACADÉMIE.	TREVOUX. POITIERS.	ORTH'OGRAPHE NOUVELE.
Hémorroïdes	hémorrhoïdes	hémoröides.
Grillon	gryllon	grillon.
Pascal	paschal	pascal, &c. *& les autres come l'Académie.*
Patriarcal	patriarchal	
Patriarcat	patriarchat	
Pronostic	*T.* prognostique.	
Intempérament.	*P.* intemperamment.	
Mécanique	méchanique.	
Mécaniquement	méchaniquement.	
Mécaniste	méchaniste.	
Nénufar	nénuphar.	
Scolarité	scholarité.	
Scolastique	scholastique.	
Scolastiquement	scholastiquement.	
Scoliaste	scholiaste.	
Scolie	scholie.	
Synecdoque, &c.	synecdoche, &c.	

On augmenterait sans doute beaucoup cete liste, en conférant d'un bout à l'autre ces Dictionaires. Quel embâras pour ceus qui veulent orthographier corectement! Ce qui acroît encore la dificulté, c'est que l'orthographe de nos Dictionaires change à chaque nouvele édition, & que les changements se font sans principes & sans uniformité. C'est ce que nous alons voir dans l'article suivant.

II. *L'Orthographe de nos Dictionaires change à chaque nouvele édition, & les changements ſe font ſans principes & ſans uniformité.*

Je ne m'arêterai pas à prouver la premiere partie de cete propoſition ; on ſait que nos Dictionaires écrivaient autrefois *abbaiſſer*, *abboyer*, *abbréger*, *abbreuver*, *abſcez*, *abyſme*, *adjournement*, *adjouſter*, &c, &c. Ces changements ſont cauſe que le Poitiers s'eſt trompé dans l'édition de 1764. Il dit que l'Académie écrit *abſynthe*, *agraffe*, *agraffer*, *pouppe*, *raiz de chauſſée* ; cela eſt vrai pour les éditions qui ont précédé cèle de 1762 ; mais dans cete derniere, l'Académie écrit *abſinthe*, *agrafe*, *agrafer*, *poupe*, *rez de chauſſée*. Il y a pluſieurs autres articles, come on l'a vu, où ce Dictionaire n'eſt pas d'acord avec l'Académie, parce que les éditeurs des nouveles éditions ont oublié de réformer l'orthographe conformément aus changements que l'Académie avait faits.

Les changements qu'on fait à notre orthographe ſe font ſans principes & ſans uniformité. Il n'y a pas une lètre de notre alphabet, que l'on n'ait retranchée de pluſieurs mots, même contre l'étimologie. Nous écrivions autrefois *aage*, *ſaoul*, *ſaoulant*, *ſaouler*, &c. *abbaiſſer*, *abboyer*, *abbré-*

ger, *abſcez*, *obmettre*, *conflict*, *contract*, *ſainct*, *chaſtiement*, *remerciement*, *ſecouement*, *agréement*, *chapeleure*, *ſeureté*, *adjournement*, *adjouſter*, *advenir*, *advis*, *advocat*; *agraffe*, *agraffer*; *defunct*, *aggrandir*, *aggréger*, *aggreſſeur*, *prognoſtique*, *cognoiſtre*; *méchanique*, *eſchole*, *eſcholaſtique*, *paſchal*; *accollade*, *alliaire*, *argille*; *faulcon*, *poulmon*; *mammelle*, *mammelon*; *roole*, *controole*; *eſpée*, *eſtre*, *chreſtien*; *amidonnier*, *ptiſanne*, *applanir*, *appercevoir*, *attelier*, *aiguail*, *vuide*, avec leurs dérivés, & une infinité d'autres que je pourais raporter. Aujourd'hui l'Acad. écrit *âge*, *ſoûl*, *ſoûlant*, *ſoûler*, *abaiſſer*, *aboyer*, *abréger*, *abcès*, *omettre*, *conflit*, *contrat*, *châtiment*, *chapelure*, *ſureté*, *ajournement*, *ajouter*, *avocat*, *agrafe*, *agrafer*; *défunt*, *agrandir*, *agréger*, *agreſſeur*; *connoître*, *mécanique*, *école*, *ſcolaſtique*, *paſcal*; *accolade*, *aliaire*, *argile*, *faucon*, *poumon*; *pronoſtic*, *connoître*, *reconnoître*, *mamelle*, *mamelon*; *rôle*, *contrôle*, *épée*, *être*, *amidonier*, *tiſane*, *aplanir*, *atelier*, *agail*, *vide*, &c. &c. Nos Dictionaires ont ôté malgré l'étimologie, un *b* & un *d* de tous les mots où ils ne ſe prononcent point, ils n'ont conſervé le *b* que dans *abbé*, *abbaye*, *abbeſſe*, *abbatial*. L'Académie a retranché la lètre *h* dans *mécanique*, *école*, *ſcolarité*, *paſcal*, *patriarcal*, &c, &c. mais èle conſerve cete lètre dans *anachorète*, *catéchumene*, &c. Nous écrivons aujourd'hui avec un *i* français *le roi*, *la foi*, *la joie*, *lui*, *absinthe*, *alchimie*, *alchimique*, *alchimiste*, *asile* & une grande quantité d'autres mots où l'on employait autrefois l'*y* grec. Le Dictionaire de Poitiers écrit encore avèc l'*y* grèc *absynthe*, *alchymie*, *asyle*, &c. L'Académie, qui, malgré l'étimologie greque, a substitué un *i* à l'*y*, conserve ce dernier dans *physique*, *mystere*, &c. Nous écrivons aujourd'hui par *f* plusieurs mots, qu'autrefois, à cause de l'étimologie greque, on écrivait par *ph*; come *faisan*, *fantaisie*, *fantôme*, *frénésie*, *filtrer*, *fiole*, *touffe*, *scrofulaire*, *faséole*, *flegme*, *&c.* & leurs dérivés. Mais d'un autre côté, on conserve le *ph* dans une grande quantité d'autres mots, come, *pharmacie*, *philosophie*, &c. Au reste les Savants observeront que les Latins, de qui ils ont adopté le *ph*, le prononçaient autrement que la lètre *f*. Cicéron plaidant pour Fundanius, censure la prononciation vicieuse d'un témoin grèc qui prononçait ce mot, come s'il eût été écrit *Phundanius*. Voyez Quintilien, Inst. Orat. I, 4. D'où il faut conclûre, que l'emploi du *ph* chez les Latins, était fondé sur la prononciation; ce qui n'est pas chez nous. Il faut dire la même chôse de l'*y* grèc; les Latins le prononçaient come notre *u*, & ils donaient à leur *u* le son d'*ou*.

On double actüélement *c*, *f*, *l*, *p*, *r*, *t*, dans

dans une grande quantité de mots de notre langue ; come *accoucher*, *accompagner*, *affaire*, *affamer*, *alléger*, *allumer*, *appaiſer*, *approuver*, *arranger*, *arrondir*, *attendrir*, *attirer*, &c, &c. parce que, dit-on, ces mots ſont compoſés de la prépoſition *à* & des mots *coucher*, *compagnie*, *faire*, *faim*, *léger*, *lumiere*, *paiſible*, *prouver*, &c.

Si cete raiſon eſt bone, pourquoi écrire ſans doubler les lètres *b*, *c*, *d*, *g*, *l*, *m*, *n*, *p*, &c. les mots *abaiſſer*, *abêtir*, *aborner*, *aboucher*, *aboutir*, *abrégé*, *abrutir*, *achalander*, *acharner*, s'*adoner*, *adoſſer*, *adoucir*, *adreſſe*, *adreſſer* ; *agrandir*, *agrégé*, *agriper* ; *alarme*, *alignement*, s'*aliter*, *alongement* ; *amaigrir*, *amariner*, *améliorer* ; *anéantir*, *anoblir*, *apetiſſer*, *aplanir*, *aporter* ; *rafraîchir*, *ragaillardir*, *radoucir*, &c. & leurs dérivés ; malgré les ſimples, *baiſſer*, *bêtiſe*, *borner*, *bouche*, *bout*, *brèf*, *brût* ; *chaland*, *chair* ; *doner*, *dos*, *dous* ou *doux*, *dreſſer* ; *grand*, *gripe*, *larme*, *ligne*, *lit*, *long* ; *maigre*, *marin*, *meilleur* ; *néant*, *noble* ; *petit*, &c, &c.

La conſone doit être doublée, dit, p. 3, le Dictionaire de Poitiers, quand la prépoſition marque quelque raport, ce qui arive le plus ſouvent ; elle ne doit point être doublée, quand cete prépoſition eſt ſuſceptible d'une autre ſignification, come dans *abatre*... Mais pourquoi l'Auteur dément-il sa Regle page 5, en écrivant *abrégé*, *abréger*, *abrégement*, *abréviateur*, *abréviation* ; & ailleurs *agrandir*, *agrandissement*, &c. quoique ces mots qui vienent de *brèf* & de *grand* ne s'éloignent pas plus du sens de ces adjectifs, que le verbe *affamer* ne s'éloigne du substantif *faim*. D'ailleurs dans cete hipothêse, il faudrait savoir jusqu'à quel point le sens du composé doit s'éloigner du simple, pour qu'on soit dispensé de doubler la lètre iniciale.

Ne vaut-il pas mieux être conséquent, suivre une marche uniforme, & retrancher dans les premiers mots, come dans les derniers, les consones sans valeur ? Est il possible de se rapeler si dans tels mots on a conservé les doubles consones, tandis qu'on les a retranchées dans d'autres semblables ? En conformant l'orthographe à la bone prononcïation, on éviterait ces inconvénients ; or voyons si ce n'est pas la prononcïation qui doit régler l'orthographe des langues.

III. *La Prononcïation doit régler l'Orthographe des Langues.*

Les lètres n'ont été inventées que pour représenter les sons, tout le monde en convient. « C'était, dit M. Duclos, l'usage « qu'en fesaient nos Ancêtres : quand le « respect pour eus nous fait croire que nous

« les imitons, nous fesons précisément le « contraire de ce qu'ils fesaient : ils peignaient « leurs sons : si un mot ût alors été com« posé d'autres sons qu'il ne l'était, ils « auraient employé d'autres caracteres. » Ne conservons donc pas les mêmes lètres pour des sons dont la diférence est aujourd'hui tout-à-fait sensible. Ils écrivaient *les Anglois*, *les François*, *les Polonois*, *la monnoie*, *&c.* parce qu'ils prononçaient *oi*, come nous les prononçons dans *la gloire*, *S. François*, *les Chinois*, *la joie*, *il envoie*, *&c.* La preuve de cela, c'est que cete prononciation s'est conservée dans le patois de plusieurs provinces ; c'est que S. François n'a été ainsi apelé, que pour être venu plusieurs fois en France, &c. Puisque nous avons changé la prononciation de ces mots, n'est-il pas conséquent d'en changer aussi l'orthographe ?

Pourquoi écrivons-nous avèc un *e* inicial ; *espace*, *espacer*, *esprit*, *écolatre*, *école*, *écolier*, &c. & sans *e* *spacieus*, *spacieusement*, *spiritüel*, *spiritüélement*, *spiritüalité*, *scolarité*, *scolastique* ? &c. Pourquoi *ressusciter*, *résurrection* ; *saint*, *sainteté*, *sanctification*, *sanctifier* ; *contrat*, *contracter* ; *champ*, *champêtre*, *campagnard*, *campagne* ; *couvent*, *conventüel*, *conventüalité* ; *médecin*, *médecine*, *médicinal*, *médicament* ; *diagnostique*, *pronostic*, *pronostiquer* ; *épier*, *espion* ; *appeler*, *interpeller* ; *foire*, *forain* ; *cou*, *colier* ;

répondre , réponſe , reſponſable , correſpondance ; décrire , deſcription ; récrire , reſcription ; poumon , pulmonaire , pulmonie , pulmonique , &c.

N'eſt-ce pas la prononcïation qui a opéré ces diférentes orthographes dans ces mots & un grand nombre d'autres dérivés les uns des autres ?

Pourquoi les Latins ont-ils écrit *Digredi , dijudicare , dilapidare* , &c , &c. tandis qu'ils écrivaient *Diſcurrere , diſparare , diſrumpere* , &c ? Pourquoi écrivaient-ils *Fero , ferebam , feram* , & *ferre , ferrem ; auferre , aufero , abſtuli , ablatum* , &c , &c ? N'eſt-ce pas la prononcïation qui a réglé ces diférentes orthographes ? N'eſt-ce pas pour la même raiſon qu'ils ont écrit d'abord *mile , milies* , & enſuite *mille , millies* , &c,&c? Voyez ce que j'ai dit ſur le *ph* & ſur l'*y* grèc, pag. 24.

Qu'on ſe done la peine de confronter les diférentes éditions de nos Dictionaires, de celui de l'Académie, par exemple, on vèra que dans la derniere de 1762 , il ſe trouve plus de dis mile mots où l'on à retranché des conſones inutiles qui étaient dans les premieres. Il me ſemble que d'après ces réflexions ou plutôt ces faits, je puis conclûre que c'eſt la prononcïation qui doit régler l'orthographe des langues.

Quand je dis que la prononcïation doit

régler l'orthographe, & qu'il faut suprimer les lètres sans valeur, on voit bién par la maniere dont j'orthographie ce qu'on a lu jusqu'ici, que je ne prétends parler que des lètres qui ne se prononcent pas dans certains mots, tandis qu'èles sonent dans d'autres mots semblables; par exemple, j'ôte une *l* dans *allaiter*, *allécher*, *allier*, *aller*, *allumer*, *collation* (petit repas entre le dîner & le souper) &c ; une *n* dans *innocent*, *année*, *innombrable*, &c. parce qu'on prononce les deus *ll* dans *allégorie*, *illusion*, *collation*, l'action de doner un bénéfice, &c. parce que les deus *nn* se font sentir dans *annüel*, *annüités*, *innover*, *innovation*, &c ; mais je ne suprime point les consones finales dans les mots où èles ne sonent point, quand il y a des ocasions où èles se prononcent; en un mot, je ne suprime les consones sans valeur, que quand èles peuvent ocasioner de mauvaises prononcïations.

Mais, diront les Savants, cete orthographe sera contraire à l'étimologie.

R. 1°. Si en certains cas èle est contraire à l'étimologie, en d'autres, èle y sera conforme, come dans *cruele*, *mortele*, *chandèle*, *fidele*, *quele*, *tele*, *consone*, *come*, *home*, *doner*, *persone*, *dictionaire*, *raisoner*, *résoner*, *soner*, *proportionele*, *bone*, & une infinité d'autres.

2°. Si pour écrire les mots de notre langue, il faut avoir égard à leur étimologie, on ne ſaura donc bién l'écrire, qu'autant qu'on aura une grande conaiſſance du grèc, du latin & des autres langues de l'Europe. En ce cas voilà plus des trois quarts & demi des Français hors d'état de bién écrire leur langue. La ſcience des étimologies, dit le Pere Bufier, eſt curieuſe & utile, mais èles n'eſt que pour les Savants qui trouveront moyén de les découvrir, ſans que l'orthographe, qui eſt *pour tout le monde*, doive en être embaraſſée. La langue Italiene & la langue Eſpagnole n'y ont point d'égard, bién qu'èles vienent du Latin come la langue Françaiſe. De bone foi, eſt-ce une lètre de plus ou de moins qui arête un Savant dans ſes recherches ſur les étimologies ? D'ailleurs, quel eſt le nombre des Savants qui s'apliquent aus étimologies relativement à ceus qui parlent & qui écrivent la langue françaiſe ? Il eſt infiniment petit. La ſcience des étimologies n'eſt pas néceſſaire pour bién parler & bién écrire, èle ne doit donc point régler la maniere d'orthographier. Les lètres, come tout le monde en conviént, ont été inventées pour repréſenter les ſons ; èles forment le portrait de la parole ; s'agit-il de mètre de l'étimologie dans un portrait, ou de le rendre le plus fidele qu'il eſt poſſible ? Les doubles lètres étaient utiles & même néceſſaires dans le latin, parce qu'on les y prononçait ; èles ſont tout-à-fait inutiles chez nous dans les mots où èles ne ſe prononcent pas. Les Latins qui, come je l'ai dit, écrivaient *fero*, *ferre*, *dilabi*, *dilapidare*, *dijudicare*, *diſcurrere*, *diſparare*, *diſrumpere*, &c. nous ſont conaître qu'ils doublaient la conſone, quand èle ſe prononçait ; mais qu'ils ne la doublaient pas, quand on ne la prononçait point. Si donc nous voulons prendre les Latins pour nos guides, imitons-les dans leur maniere d'orthographier. Ne doublons pas les conſones dans les mots où nous ne les prononçons point.

3°. Si l'on veut conſerver l'étimologie, il faut remètre des conſones ſans valeur dans plus de dis mile mots d'où on les a bannies depuis long-tems. Quelque ſiſtême qu'on veuille adopter, il faut tâcher d'être conſéquent. L'uſage actüel & le ſiſtême des étimologies ſont trop ſouvent en contradiction, pour qu'on puiſſe alier enſemble les principes de l'un & de l'autre. Ainſi, puiſque la prononcïation nous a fait abandoner l'étimologie dans une partie de nos mots, la même raiſon nous invite à l'abandoner dans les autres, où les lètres étimologiques ne ſe prononcent point.

IV. *Nos Dictionaires & nos Ecrivains ne ſont pas d'acord entre eus ſur l'emploi des accents.*

L'Académie, édition de 1762, écrit *le modèle ; le père, la règle, le zèle, le phénomène, diocèſe, ſecrète*, &c. Le Dictionaire de Poitiers, édition de 1764, met ſans accent, *le modele, le pere, la regle, le zele, le phénomene, le dioceſe, ſecrete*, &c. Pluſieurs livres imprimés portent *le modéle, le pére, la régle, le zéle, le phénoméne, le diocéſe, ſecréte*, &c.

L'Académie écrit *amèrement, groſſièrement, particulièrement, ſincèrement, ſincérité, ſecrète, ſecrétement ; diſcrète, diſcrétement ; complète, complétement*, &c.

Le Dictionaire de Poitiers met toujours le même accent : *Amérement, groſſiérement, particuliérement, ſinguliérement ; ſincérement, ſincérité ; ſecrétement, diſcrétement*, &c.

Le Trévoux écrit *compléte, complétement ; ſincère, ſincérement ; fiére, fiérement ; particuliére, particuliérement*, &c.

V. *Nous ne tirons pas de nos Accents tout l'usage que nous pourions en tirer : Le nom même que nous leur donons, ne me paraît pas leur convenir.*

Examinons d'abord cete derniere partie. Nos accents sont l'aigu (´), le grave (`), & le circonflexe (ˆ). Nous avons pris des Grècs ces dénominations. Chez les Grècs, l'aigu marquait l'élévation de la silabe ; le grâve, l'abaissement ; le circonflexe, l'élévation & ensuite l'abaissement de la même silabe. Nos accents n'ont pas dans notre langue le même usage : come ils servent sur-tout à distinguer nos diférentes sortes d'*e*, il est naturel de leur doner des noms conformes à leur emploi. Mais voyons auparavant queles sont nos diférentes sortes d'*e*.

*De nos diférentes sortes d'*E.

On comte comunément trois sortes d'*e* dans notre langue ; l'*e* muet, qui n'a qu'un son obscur & peu sensible, come dans *mesure*, *demande*, *nous trouverons*.

L'*é* fermé, come dans *régénéré*, *répété*.

L'*e* ouvert, come dans *complète*, *discrète*, *fête*, *tempête*.

Mais si l'on considere atentivement les

diférents ſons de l'*e*, on en trouvera davantage.

On poura diſtinguer, 1°. deus ſortes d'*e* muets : l'*e* muet preſque inſenſible à la fin des mots, *porte*, *gage*.

L'*e* muet plus ſenſible, quand il eſt précédé ou ſuivi d'un autre *e* muet, come, *je redemande*, *il me reconaîtra.* On prononce *Je rdemande*, *il me rconaîtra.*

2°. Deus ſortes d'*é* fermés, l'un fermé clair, come dans *vérité*, *doné*, *il eſt paſſé* ; & l'autre fermé moins clair, come dans *vous citez*, *vous donez*, *paſſez*, *le piéd*, *la cléf.*

3°. Quatre ſortes d'*e* ouverts : 1°. L'*e* ouvert long & clair dans *le crêpe*, *l'évêque*, *la guêre*, *le tonêre*, *l'abêſſe*, *l'arbalête*, *l'enquête*, *le hêtre*, *champêtre*, *ancêtres*, &c. 2°. L'*e* ouvert long & moins clair dans *le zêle*, *la grêle*, *il mêle*, *le chêne*, *la ſcêne*, *les vêpres*, *il confêſſe*, *la fenêtre*, *le prêtre*, *la fête*, *la grêve.* 3°. L'*e* ouvert clair & non long dans *la nèteté* ou *netteté* ; *la trompète* ou *trompette* ; *nous vèrons* ou *verrons* ; *la chandèle*, *la colère* ; *il n'a guère d'argent.* 4°. L'*e* ouvert moins clair ou moyén, dans *le modele*, *belgique*, *reſpectable*, *j'achete*, *le pere*, *la mere*, *la regle*, &c.

Mais come ces diférences ne ſont pas aſſez ſenſibles pour tout le monde, nous nous contenterons de diſtinguer l'*e* muet, dans *je demande ;* l'é fermé clair, dans *répété ;* l'*e* fermé moins clair, dans *vous donez*, *lisez*, *assez*, *le nez ; le piéd*, *la cléf ; doner*, *fermier ; verger*, &c.

L'*e* long, dans *l'évêque*, *le prêtre*, *la guêre*, &c.

L'*e* ouvert clair & non long, dans *la nèteté*, *la trompète*, *la chandèle*, *la colère*, *il n'a guère d'argent.*

L'*e* ouvert moins clair ou moyén, dans *le modele*, *respectable*, *j'achete*, *pere*, *mere*, *regle*, &c. Cete derniere sorte d'*e* tient le milieu entre l'*e* fermé de *vérité* & l'*e* ouvert clair de *chandèle*, *trompète.*

Maintenant nos accents sont l'accent fermé, *vérité*, *répété.* L'accent ouvert, *chandèle*, *colère*, *trompète.* L'accent long, *l'évêque*, *le hêtre*, *la fête*, *la grêve*, *l'épître*, *le nôtre*, *la bûche*, *la reîne*, *la grâce*, *je me hâte*, &c.

Usage actüel des Accents.

1°. L'accent fermé se met sur les *e* fermés, *régénéré*, *créé*, *réunion*, &c.

Remarque. L'*e* fermé, quand il est dans le corps du mot, a un son moins fermé, moins aigu, que quand il est final : *régénéré*, *il répetera ;* sur-tout lorsque la silabe suivante a un *e* muet, come dans *il répetera*, *il considérera*, &c. C'est-là sans doute ce qui a engagé l'Académie à écrire *amèrement*, *grossè-*

rement, *groſſièreté*, &c. Mais come l'Académie met l'accent fermé dans *complétement*, *ſecrétement*, *diſcrétement*, &c. pour l'uniformité, je mets l'accent fermé ſur les premiers come ſur les derniers. L'Académie après avoir mis un accent ouvert dans *il conſidère*, *il répète*, *complète*, *diſcrète*, &c. n'écrit-èle pas avèc l'accent fermé, *il conſidéra*, *il répéta*, *il conſidérera*, *il répétera*, *complétement*, *diſcrétement*, &c?

Remarque. On ne met point l'accent fermé ſur l'*e* fermé moins clair ſuivi d'un *r* ou d'un *z*. *Paſſez*, *donez*, *le nez*, *chez*. *Boulanger*, *le jardinier*, *le cocher*, &c.

2°. On met l'accent long ſur les voyeles longues, après leſqueles on a retranché une lètre, & l'on ne doit, dit le Dictionaire d'Orthographe, le mètre que ſur ces ſortes de voyeles; come, *l'âge*, *même*, *gîte*, *apôtre*, *flûte*; parce qu'on écrivait autrefois *aage*, *meſme*, *giſte*, *apoſtre*, *fluſte*.

3°. Quant à l'accent ouvert non long, on le place actuélement, 1°. ſur les *e* ouverts ſuivis d'une *s* finale, *procès*, *ſuccès*, *auprès*, *kermès*, *aſpergès*, *aloès*, *Cérès*, &c. 2°. Sur les *e* qui dans l'avant-derniere ſilabe d'un mot ſont ſuivis d'une conſone & d'un *e* muet, come *la mère*, *la règle*, *il mène*, *il conſidère*, &c. Tel eſt l'uſage de l'Académie; mais le Dictionaire de Poitiers & pluſieurs bons Auteurs ne mètent point d'accent ſur ces ſortes d'*e* pénultiemes. J'ai maintenant à prouver que

Nous ne tirons pas de nos Accents tout l'uſage que nous pourions en tirer.

1°. On ne fait pas de l'accent fermé tout l'uſage qu'on pourait en faire. Nous écrivons *tremblement*, *empêchement*, *entendement*, *expérience*, *patient*, *patienter*, &c. Dans ces mots, *em*, *en*, ſonent come *an*; c'eſt-là le ſon ordinaire d'*em*, *en*. Mais dans pluſieurs autres mots l'*e* d'*em*, *en*, ne prend point le ſon de l'*a*; *le mién*, *il tiént*, *le ſién*, &c. Pour diſtinguer cete diférence de prononciation, je mets l'accent fermé ſur l'*e*: *Le mién*, *le tién*, *le ſién*, *rién*, *Agén*, *Amiéns*, *le citoyén*, *le doyén*, *le doyéné*; *le chrétién*, *la chrétiénté*; *le ſoutién*, *l'entretién*; *je tiéns*, *je viéns*, &c. Avèc cet accent, on eſt guidé ſur la prononciation de ces ſortes de mots.

Si dans ces ſortes de mots, l'*m* ou l'*n* finale ſe prononce entiérement, alors, come nous le dirons bientôt, on marquera l'*e* d'un ouvert, *Jéruſalèm*, *Sichèm*, *himèn*, *examèn*. Acad. On mètra le même accent ſur *empènné*, *deſempènné*.

Dans les mots terminés en *ed* ou en *ef*; tantôt l'*e* y eſt fermé come, *le pied*, *la clef*; tantôt l'*e* y eſt ouvert, come, *Obed*, *le chef*; Pour indiquer cete diférence, nous mètrons ſur les premiers *e* un accent fermé, *le piéd*, *la cléf*; & ſur les ſeconds un accent ouvert, *Obèd*, *le chèf*, *la nèf*, *chèf-lieu*; mais j'écrirai avec l'accent fermé *un chéf-d'œuvre*, parce qu'on prononce *ché-d'œuvre*.

2°. Au-lieu de ne placer l'accent long que ſur les voyeles longues aprês leſqueles on a retranché une lètre, il nous paraît beaucoup plus raiſonable & plus utile de marquer d'un accent long les voyeles longues, qu'on ait retranché une lètre aprês la voyele ou qu'on n'en ait pas retranché; come, *la grâce*, *la diſgrâce*, *l'âme*, *la flâme*, *le ſiſtême*, *la haîne*, *la reîne*, *l'avâre*, *la bâre*, *le bâreau*, *le lâron*, *le ſquîre*, *le rôle*, *l'atôme*, *l'aumône*, *le goût*, *la bûche*; *il dîne*, *le procês*, *le ſuccês*, *l'accês*, *la flûte*, &c. Sans cet accent, la plupart des lecteurs ne ſavent pas ſi la ſilabe eſt longue ou ne l'eſt pas. D'ailleurs, dans le ſiſtême de ne placer l'accent long que ſur les voyeles longues, aprês leſqueles on a retranché une lètre, il faut, avant de marquer d'un accent long, une voyele qu'on ſait être longue, examiner ſi l'on a retranché une lètre aprês cete voyele, examèn fort dificile & fort déſagréable pour tout le monde, & tout-à-fait impoſſible pour le plus grand nombre. En mètant exactement l'accent long ſur nos voyeles longues, on s'acoutumera inſenſiblement aus regles de la proſodie.

Le Dictionaire de Poitiers qui dit qu'on ne doit placer l'accent long que ſur les voyeles longues où il y a une lètre de retranchée, contredit lui-même ſa prétendue regle, en écrivant avèc l'Académie, *extrême*, *ſiſtême*, *âcre*, *âcreté*, &c.

L'Académie met auſſi l'accent long dans les mots *débâcle*, *débâclement*, *débâcler*, *débâcleur* ; *châſſis*, *râpe*, *râtelier*, *grâce*, &c, &c. où Poitiers ne met aucun accent.

Cet accent long ſur les voyeles longues eſt d'autant plus utile, que pluſieurs terminaiſons ſont brêves, à l'exception de quelques mots ; par exemple, *agne* eſt brèf, excepté dans *gâgner*, *je gâgne*, &c. *Ape* eſt bref, excepté dans *la râpe*, *râpé*, *râper*. *Abe* brèf, excepté dans *aſtrolâbe* & *crâbe*. D'autres ſont longues, excepté dans quelques mots où èles ſont brêves. Par ex. *adre* eſt long, *câdre*, *eſcâdre*, *encâdrer*, *encâdré*, *mâdré*. *Adre* n'eſt brèf que dans *ladre*. *Atre*, long. *Théâtre*, *emplâtre* ; il n'eſt brèf que dans *quatre*, *batre* ou *battre* & ſes dérivés, &c. Voyez la Proſodie de M. d'Olivet, ou ce que j'ai dit dans ma Gramaire ſur la Quantité.

Je tâcherai en conſéquence de marquer de l'accent long toutes nos ſilabes longues.

Il eſt étonant que M. d'Olivet, qui nous a doné un excélent Traité de Proſodie, n'ait pas engagé Mrs les Académiciéns, ſes confreres, à marquer de l'accent long nos voyeles longues. Mrs de l'Académie les ont marquées dans plusieurs mots ; mais il en est encore un bién plus grand nombre où ils n'ont point mis la marque de longueur. J'aurais bién souhaité qu'ils l'eussent fait, ils m'auraient épargné & beaucoup de peine, & sans doute des fautes ; mais si je me trompe, on m'excusera en faveur de ma bone intention ; averti de mes fautes, je me corigerai par la suite. Pour ne pas multiplier les accents, nous n'en mètrons point sur les silabes finales terminées par une *s*, un *x* ou un *z* qui ne sonent point ; *le tems*, *je plains*, *jalous*, *assez*, *châssis*, *il est dispos*, *les tribus* ; èles sont toujours longues. Pour la même raison nous n'accentuerons pas non plus les finales en *aud* & *aut* ; come, *il fait chaud*, *il est haut* : ni les voyeles pénultiemes ou antépénultiemes suivis d'un *e* muet, *la pensée*, *la plaie*, *l'envie*, *il joue*, *il envoie*, *la rue*, *la vue*, *il priera*, *il agréerait*, *il emploierait*, *l'enjouement*, *l'aboiement* ; ni les pénultiemes nasales, quand la lètre qui les suit n'est ni une *m* ni une *n* : *Exemple*, *crampons*, *atendons*, *craintif*, *humble*, *trembler*, &c. cela épargnera un grand nombre d'accents.

Come l'*e* ouvert, suivi d'une *s* finale qui ne se prononce pas, est long, je le marque de l'accent long, *succês*, *accês*, *procês*, *auprês*, *exprês*, &c. je n'y vois aucun inconvénient ; je réſerve l'accent ouvert pour les mots en *ès* où la finale ſe prononce, come, *aloès*, *aſpergès*, *faire florès*, *Cérès*, *Hermès*, *le kermès*, *Gigès*, *Ménès*, roi d'Egypte, *Néoclès*, *Palès*, *Périclès*, *Thalès* & autres noms propres.

3°. Quand l'*e* dans l'avant-derniere ſilabe d'un mot, eſt ſuivi d'une conſone & d'un *e* muet, il eſt ou fermé, come dans *puiſſé-je*, *duſſé-je* ; ou long, come dans *la fête*, *la tempête*, *il prêche*, *le diadême*, *le ſiſtême* ; *la conquête*, *le hêtre*, &c. ou ouvert clair, *la chandèle*, *la colère*, *la raquète*, *la trompète*, &c ; ou ouvert moyén, *mere*, *regle*, *il mene*, *il achete*, *le prophete*, &c. Dans ce dernier cas les uns mètent l'accent ouvert, *père*, *mère*, *règle*, *il mène*, *il achète*, *le prophète*, &c. les autres n'y mètent aucun accent ; j'adopte ce dernier parti ; on évite par ce moyén une grande quantité d'accents, & l'on diférencie cet *e* des trois autres. Quoique je ne mète point d'accent ſur *mere*, *regle*, *fidele*, *j'achete*, *la langue greque*, &c. j'en mets ſur les pénultiemes de *chandèle*, *colère*, *raquète*, *trompète*, *lètre*, *permètre*, *bibliotèque*, &c. parce que l'*e* de ces derniers mots me paraît avoir un ſon ouvert plus clair que celui des premiers. Au reſte on peut, avec Poitiers, ne mètre aucun accent ſur ces e pénultiemes : quand ils ne ſont ni longs ni fermés ; ils ont toujours un ſon ouvert; mais il faut mètre l'accent ouvert ſur le premier *e* de *nèreté*, *guèrier*, *il vèra*, *il sèrera*, parce qu'autrement on ne ſaurait point coment il faut prononcer ces *e*.

Un autre uſage que je fais de l'accent ouvert, c'eſt de le placer ſur toutes les voyeles ſuivies d'une conſone finale qui ſe prononce, come, *abdomèn*, *examèn*, l'Académie dit qu'il faut prononcer entiérement l'*n* dans ce mot, *himèn*, *Jéruſalèm*, *Sichèm*, *Abrahàm*, *Edòm*, *un bàc*, *un làc*, *S. Màrc*, *le tillàc*, *le trictràc*, *un caudebèc*, *un échèc*, *le baſilìc*, *le pronoſtìc*, *le trafìc*, *Jacòb*, *un ròb*, *un blòc*, *un tròc*, *un aquedùc*, *le chèf*, *la nèf*, *le grièf*, *altièr*, Acad. *Amèr*, *avant-hièr*, *un belvédèr*, *un cancèr*, *l'enfèr*, *la cuillèr*, *Jupitèr*, *Lucifèr*, *un magiſtèr*, *l'Outremèr*, *Statoudèr*, *vèr*, *hivèr*, *aloès*, *aſpergès*, *le Kermès*, *Cérès*, *Périclès*, *Thalès*, *un às*, *la vìs*, *l'agnùs*, *un blocùs*, *un argùs*, *un hiatùs*, *le Phébùs*, *la dòt*, &c. Cet accent ne ſera-t-il pas três-utile pour avertir de la prononciation de ces mots, qui ſe prononcent bién diféramment de ceus-ci, *Rouen*, *Agén*, *le mién*, *le ſoutién*, *le moyén*, *Adam*, *le nom*, *le pronom*, *le marc*, *le tabac*, *l'eſtomac*, *l'almanac*, *les échecs*, *les reſpects*, *un broc*, *un eſcroc*; *le plomb*, *la cléf*, *le piéd*; *entier*, *aimer*, *eſtimer*, *alier*, *poſſéder*, *lancer*, *le boulanger*, *l'horloger*, *quiter*, *aider*, *accês*, *excês*, *auprês*, *un tas*, *un bras*, *un avis*, *un abus*, *des inconus*, *des vertus*, *un dévot*, *un complot*, *un pot*, &c, &c. C'eſt pour nous une maniere abrégée, d'avertir que la finale ſe prononce. Cet accent nous diſpenſe de dire à chaque mot le *b*, le *c*, le *d*, l'*f*, &c ſone dans ce mot.

L'accent ouvert ſur ces mots, quand la conſone finale ſe fait ſentir, eſt aſſurément plus néceſſaire que dans les mots *frere*, *regle*, *il mene*, *il achete*, *il conſidere*, &c. parce que l'*e* dans ces derniers mots, quand il n'eſt ni fermé ni long, a toujours le ſon ouvert moyén.

Pour ne pas multiplier les accents, nous ne les plaçons point dans les terminaiſons en *al*, *el*, *ol*, *ul*, *air*, *or*, *eur*, *our*, *ur*, &c. parce que dans ces terminaiſons, la conſone finale ſone toujours ou preſque toujours. *Le cheval*, *le mortel*, *le ſol*, *il eſt nul*, *l'éclair*, *impair*, *le tréſor*, *le bonheur*, *le retour*, *le mur*, *il eſt pur*, &c. Obſervez ſur le mot *pluriel*, que les uns font ſentir la finale *l*, come dans le *miel*, & que les autres prononcent *pluriél* come *ſingulier*.

Nous mètons auſſi cet accent ſur quelques mots terminés en *il* dont la finale ſe prononce & n'eſt pas mouillée, come *le fìl*, *en mìl ſis cent neùf*, *ſubtìl*, *puérìl*, *volatìl*, *il eſt vìl*, &c.

Nous ne mètons point d'accent dans ceus où la finale ſe prononce mouillée. *Avril*, *le babil, le pèril, le travail, le pareil, le deuil, l'acœuil, le recœuil, l'œuil*, &c.

Nous retranchons l'*l* finale dans les mots où èle ne ſone pas, *le baril, le chenil, le fuſil, un outil, du coutil, le ſourcil, il eſt gentil* (joli) *un coup de piéd dans le cul, il eſt ſoul;* & nous écrivons *le bari, le fuſi*, &c. C'eſt ainſi que l'Académie a retranché le *d* de *crud, nud;* l'*f*, d'*aprentif, baillif; il* de *le vèrouil, le genouil;* qu'èle a changé l'*l* en *u* dans *le cou, le ſou*, & qu'èle écrit *jouer à cu-levé, à cu bas*, &c.

Si malgré ces exemples de l'Académie, on ne veut pas retrancher la finale *l* dans les mots où èle ne ſone pas, on poura marquer de l'accent fermé la voyele qui précede : *le barîl, le fuſîl, il eſt ſoûl, le cûl, votre fîls eſt gentîl*, &c.

Par-là ſeront fixées les trois diférentes prononcïations des mots terminées en *il*: *Le barîl, le fuſîl, le coutîl, un outîl, votre fîls eſt gentîl*, &c. *Subtìl, volatìl, puèrìl, fìl, vìl*, &c. *Avril, babil, péril, bail, travail, pareil, le deuil*, &c.

Si l'*e* a le ſon ouvert, & que la finale ne ſone point, come *le cabinet, il eſt diſcret, inquiet, un réglet*, &c. nous ne mètrons point d'accent. C'eſt l'uſage ordinaire.

Quand *gn* comencent le mot, le *g* a le ſon dur qu'il a dans *gâteau ; gnome, gnomide, gnomique, gnomon, gnoſtique.*

Ces deus lètres *gn*, dans le corps du mot, ont ordinairement un ſon mouillé ; *il régna*, *la campagne*, *la compagnie*, &c.

Quelquefois, bién que *gn* ſoient dans le corps du mot, le *g* a le ſon dur ; pour en avertir, nous mètrons l'accent ſur la voyele qui le précede : *àgnat*, *àgnation* ; *ſtàgnant*, *ſtàgnation* ; *Prògné*.

Nous mètrons encore cet accent ſur l'*u* *d'aigùille*, *aigùiſer*, &c. pour avertir que *gui* ne s'y prononce ni come dans *anguille*, *déguiſer*, ni come dans *ambigüité*, *contigüité*.

Du Tréma.

Nous avons encore pour indiquer la prononcïation une autre marque, ce ſont les deus points ſur les voyeles *e*, *i*, *u*. Aujourd'hui on met le tréma ſur ces voyeles pour avertir qu'èles ne doivent pas faire ſilabe avèc la voyele qui précede, *la ciguë*, *douleur aiguë*, *haïr*, *laïque*, *païén*, *Saül*, &c. On eſt averti par-là que dans ces mots les voyeles ; *ue*, *ai*, *au*, ne doivent pas ſe prononcer come dans ceus-ci, *digue*, *ligue*, *pair*, *laideur*, *Saul*, *Paul*.

Cet emploi du tréma n'eſt pas ſufiſant pour fixer la prononcïation, pour lever toute équivoque. 1°. *Gua*, *guons* ſont de deus ſilabes dans *il argua*, *nous arguons*, tandis que ces lètres n'en ſont qu'une dans *il nar-*

gua, *nous narguons*; & come nous n'avons ni *a* ni *o* marqués de deux points, nous ne pouvons indiquer aus yeus la prononciation des mots *il argua*, *nous arguons*.

2°. En voyant le tréma ſur l'*i* dans *païén*, *aïeul*, *camaïeu*, *glaïeul*, *faïance*, &c. le lecteur ne ſait pas s'il faut prononcer ces mots en deus ſilabes *pa-ién*, *a-ieul*, *cama-ieu*, &c. ou en trois, *pa-i-en*, *a-i-eul*, *cama-i-eu*, &c.

3°. Les voyeles *ua*, *ué*, *uo*, *ié*, *ier*, *ian*, *ién*, *io*, &c. forment tantôt deus ſilabes, même en prôſe; tantôt èles ne forment qu'une diphtongue en prôſe, tandis qu'èles forment deus ſilabes en vers; & nous n'avons rién qui nous en avertiſſe. Cependant, come je le dirai biéntôt, le tréma pourait nous rendre aiſément ce ſervice.

Les voyeles *ua*, *ue*, *uo*, *ié*, *ier*, &c. font deus ſilabes, même en prôſe, dans *il perpétua*, *nous perpétuons*; *il a atribué*, *la ſomptuoſité*; *ieuſe*, *iota*; *impiété*, *piété*, *ouvrier*, *marbrier*, *coudrier*; *friand*, *client*, *brioche*, *diocéſe*, *vertueus*, *ſomptueus*, &c. Ces mêmes voyeles, au moins dans la prôſe, ne font qu'une diphtongue, & ainſi qu'une ſilabe, dans *il continua*, *nous continuons*, *nous ſuâmes*, *une écuele*, *équeſtre*, *il a empiété*, *un piéton*; *Dieu*, *cieus*; *un pâtiſſier*, *un portier*; *la viande*, *un expédient*, *une fiole*, *une pioche*, &c. Ces diférentes prononciations ne laiſſent pas d'embaraſſer;

voici un moyén facile de les indiquer & de lever toute équivoque.

Plaçons le tréma sur la voyèle qui ne doit point être prononcée ou faire silabe avèc la suivante.

Ainsi nous le placerons sur l'*a* dans *häir*, *Säul*, *päien*, *äieul*, *fäiance*, *camäieu*, &c.

Sur l'*i* dans *ïeuse*, *ïota*, *impïété*, *pïété*, *ouvrïer*, *coudrïer*, *frïand*, *clïent*, *brïoche*, *dïocêse*, *prïeur*, &c.

Sur l'*o* dans *héröique*, *stöicien*, *Simöis*, *Pirithöus*, *Bagöus*, &c.

Sur l'*u* dans *la cigüe*, *douleur aigüe*, *vertüeus*, *somptüosité*, *il argüa*, *nous argüons*, *il perpétüa*, *joüissance*, *l'oüie*, &c. Par ce moyén l'usage du tréma sera clair, uniforme, & indiquera la prononciation sans ambigüité.

L'Académie met ainsi le tréma sur l'*u* dans *cigüe*, *douleur aigüe*, *contigüe*, &c. mais èle le place sur l'*e* dans *poëte*, *poësie*, &c, sur l'*i* dans *haïr*, *haïssable*, &c.

Dans la prôse, j'écris sans tréma, *poete*, *poésie*, *poême*, *poétique*, *lién*, *parisién*, *violon*, parce que dans ces mots *oe*, *ie* font une diphthongue en prôse, & qu'ils ne font de deus silabes qu'en vers.

VI. *Avèc l'Orthographe actüele, il est três dificile, même à un Français instruit, de n'être pas embarassé sur la Prononcïation & sur l'Orthographe d'une grande quantité de mots de notre Langue.*

Nous écrivons *Août*, *aoûteron*, *Caen*, *faon*, *faonner*, *Laon*, *paon*, *paonneau*, *taon*, *aoriste*, *la Saône*, *femme*, *femmelette*, *un lemme*, *un dilemme*, *faisant*, *faisons*, *oignon*, *oignonniere*, *gageure*, *mangeure*, *j'ai eu*, *j'eusse*, &c. Mais nous prononçons *Oût*, *oûteron*, *Can*, *fan*, *Lan*, *pan*, *paneau*, *ton*, *oriste*, *la Sône*, *fame*, *famelete*, *un leme*, *un dileme*, *fesant*, *fesons*, *ognon*, *ognoniere*, *gajure*, *manjure*, *j'ai u*, *j'usse*, &c. Et quoiqu'on ne prononce pas l'*a* dans *Août*, on le prononce dans *aoûté*. Acad.

Nous écrivons *les François sous François premier*, *les Polonois*, *les Chinois*, *la monnoie*, *la courroie*, *le monnoyeur*, *le pourvoyeur*. *Il choisiroit*, *il croisoit*, *il voyoit*, *il croissoit*; *la foiblesse*, *à foison*; *il perçoit* de *percer*; *il perçoit* de *percevoir*; *il faut qu'il paroisse à la paroisse*. *Je connois une noix*, &c, &c. Et nous prononçons, *Les Français sous François premier*; *les Polonais*, *les Chinois*; *la monaie*, *la couroie*;

la

le monayeur, le pourvoyeur ; il choisirait, il croisait, il voyait, il croissait ; la faiblesse, à foison. Il perçait de *percer ; il perçoit* de *percevoir ; il faut qu'il paraisse à la paroisse ; je conais une nois*, &c, &c.

On écrit de même, *il vogua, il nargua, il argua. Nous voguons, nous arguons ; vous voguez, vous arguez ; ils voguent, ils arguent*, &c. Cependant la prononciation de ces mots est bién diférente ; *gua, guez, guons, guent*, ne font qu'une silabe dans *voguer ;* & ils en font deus dans *argüer, argüa, argüons.*

On emploie sans aucune marque distinctive, *gui*, dans *guider, anguille, déguiser, vivre à sa guise*, &c. & dans *aiguille, aiguillée, aiguisement, aiguiser, la vile de Guise*, &c. Cependant *gui* fait une diphtongue dans ces derniers mots, tandis qu'il n'en fait pas dans les premiers. Je propôse de les distinguer, en écrivant *aigüille, aigüiser*, &c. V. p. 45.

Nous écrivons *amnistie, automnal, calomniateur, calomnie, calomnier, somnambule*, &c. *Automne, damner, damnable, damnation ; condamner, condamnable, condamnation*, &c. Cependant on prononce la lètre *m* dans les sis premiers mots, tandis qu'on ne la prononce pas dans les autres ; on prononce *Autone, dâner*, &c.

On écrit, *indemniser, indemnité ; solem-*

nel, *ſolemniſer*, *ſolemnité*; & l'on prononce *indamniſer*, *indamnité*; *ſolânel*, *ſolaniſer*, *ſolanité*. L'Académie à la vérité, écrit *ſolennel*, *ſolenniſer*, *ſolennité*; mais cete derniere façon eſt encore équivoque, puiſque dans *empenné*, *déſempenné*, on prononce les deus *nn*, & que l'*e* qui précede ne prend point le ſon de l'*a* : *empènné*, *déſempènné*.

Nous écrivons *Archétipe*, *archiépiſcopal*, *archiépiſcopat*, *écho*, *catéchumene*, *anachorète*, *chiromancie*, *chélidoine*, &c. Acad. Le Dictionaire de Poitiers écrit auſſi, *Méchanique*, *paſchal*, *ſcholarité*, *patriarchal*, *ſinecdoche*, &c. & leurs dérivés. Nous prononçons *Arqétipe*, *arqïépiſcopal*, *arqïépiſcopat*, *éco*, *catécumene*, *anacorète*, *qiromancie*, *qélidoine*; *mécanique*, *paſcal*, *ſcolarité*, *patriarcal*, *ſinecdoqe*, &c. On prononce à la françaiſe *ch*, dans *archevêque*, *archevêché*, *Zachée*, *la chôſe*, *échu*, *échouer*, *chirurgién*, *chapitre*, *maréchal*, *patriarche*, &c.

On écrit *année*, *ennemi*, *innocent*, *innocence*, *connoître*, *connoiſſance*, &c. & nous prononçons *anée*, *énemi*, *inocent*, *inocence*, *conaître*, *conaiſſance*, &c. Au contraire on fait ſentir les deus *nn* dans *annüel*, *annüités*, *annexe*, *inné*, *innover*, *innovation*, &c. *Ennemi* ſe prononce *énemi*, mais *enivrer*, *ennui*, *ennuyer*, &c. ſe prononcent *anivrer*, *anui*, *anuyer*, &c. Come on écrit *enorgueillir*, *enivrement*, *enivrer*, nous écrirons de même *enui*, *enuyant*, *enuyeus*, *enuyeuſement*. *En* au comencement du mot & ſuivi d'une voyele a le ſon d'*àn*, quand l'*e* eſt ſans accent.

Le *p* ne ſe prononce pas dans *baptême*, *baptiſer*, *baptiſtere*, *anabaptiſte* ; *exempt*, *exempter*, *compte*, *compter*, *comptable*, *comptant*, *ſépt*, *ſeptieme*, *ſeptiémement*, &c. Le *p* ſone dans *baptiſmal*, *rédemption*, *rédempteur*, *ſceptique*, *ſeptembre*, *ſeptante*, *ſeptüagéſime*, *exemption* : le *p* ſe fait auſſi ſentir dans la prononcïation ſoutenue des mots *dompter*, *indomptable*. Acad.

On ne prononce qu'une *r* dans *arranger*, *arracher*, *arroſer*, *embarras*, *barreau*, *charrette*, *corrompre*, *corriger*, *il pourra*, &c. On prononce les deus *rr* dans *aberration*, *errer*, *erreur*, *horreur*, *terreur*, *irradiation*, *irrégulier*, *il aquerra*, *il mourra*, *il courra*, *il ſecourra*, & leurs dérivés.

Nous écrivons *qualité*, *requérir*, *quitter*, *acquitter*, *quotidién*, *piquure*, &c. nous prononçons *qalité*, *reqérir*, *qiter*, *aqiter*, *qotidién*, *piqûre*, &c. L'Académie écrit ainſi ce dernier mot. On écrit de même *aquatique*, *équation*, *équateur*, *équeſtre*, *queſteur*, *quinquagénaire*, *quinquagéſime*, *quadragéſime*, *quadrature*, *liquation*, *liquéfaction*, &c. mais nous prononçons *aqouatique*, *éqouation*, *éqouateur*, *écueſtre*, *cueſteur* (come écuele) *cuinqouagéſime*, *cuinqouagénaire*, *qouadragésime* , *qouadrature* , *liqouation* ; *licuéfaction* , &c.

La lètre *s* entre deus voyeles a le son du *z*, *présence*, *préserver*, *présider*, *résider*, *résigner*, *résoudre*, *présumer*, *usûre*, &c. mais èle n'a pas le son du *z* dans *préséance*, *présupposer*, *resaigner*, *resaisir*, *resèmer*, *resauter*, *resaluer*, *resécher*, &c.

Les lètres *ti*, dans le corps d'un mot, & non précédés d'une *s* ou d'un *x*, sonent tantôt come *ci* & tantôt come *ti* de *tirer*, quoique suivies de la même voyele : *châtier*, *balbutier* ; *entier*, *initier* ; *nous portions les portions* ; *nous dictions*, *les dictions* ; *nous infections*, *les infections* ; *le soutién*, *le Vénitién* ; *le tién*, *Domitién*, &c.

La lètre *x* a le son de *qs* dans *styx*, *phénix*, *onix*, *larinx*, *borax*, *storax*, &c. le son de l'*s* prononcée fortement, dans ils sont *six*, *dix*, *dix-sept* : le son de *z* quand il suit une voyele, come, *six amis*, *dix homes*, *deux enfants*, *heureux amis*, &c. Ele a le même son dans *deuxieme*, *sixieme*, *sixain*, *dixieme*, *deuxiémement*, *sixiémement*, &c. Mais *Auxerre*, *Auxone*, *Bruxelle*, *soixante*, *soixantaine*, &c. se prononcent *Ausserre*, *Aussone*, *Brusselle*, *soissante*, *soissantaine*, &c. Au contraire, *Alexandre*, *Alexis*, *axe*, *axiome*, *axipete*, *parallaxe*, *perpléxité*, &c. se prononcent *Aleqsandre*, *Aleqsis*, *aqse*, *aqsiome*, &c.

Les lètres *ex* font *egz*, quand èles sont au comencement du mot, & suivies d'une voyele ou d'une *h* muète.

Nous écrivons *œil*, *œillet*, *œillade*, *orgueil*, *orgueilleus*, *écuelle*, *écueil*, *recueil*, *accueil*, *accueillir*, &c. & nous prononçons *œuil*, *œuillet*, *œuillade*, *orgueuil* (come *gueule*, *vigueur*, *rigueur*, excepté le mouillé qui se trouve dans *orgueuil*) *orgueilleux* (*gue* dans ce mot, se prononce come s'il y avait *gué*) *écuelle*, *écœuil*, *recœuil*, *acœuil*, *acœuillir* : (come *œu* dans *le cœur*, *le bœuf*, *l'œuvre.*)

Ces bisareries, & beaucoup d'autres que je pourais raporter, prouvent évidament, si je ne me trompe, qu'un Français, même instruit, se trouve embarassé sur la prononciation d'une grande quantité de mots de notre langue. Èles rendent la lectûre si dificile, que l'on peut dire avèc M. Duclos : *Quiconque sait lire, sait le plus dificile de tous les arts.*

2°. Il est clair que nous ne devons pas être moins embarassés sur l'orthographe d'un grand nombre de mots de notre langue. Premiérement, parce que nos meilleurs Auteurs & nos meilleurs Dictionaires écrivent diféramment les mêmes mots, come je l'ai déja fait voir. Secondement, parce que l'orthographe de nos Dictionaires change à chaque nouvele édition; l'Académie & l'Auteur du Dictionaire d'Orthographe en convienent dans les Préfaces de leurs Dictionaires. Troisiémement, parce que notre orthographe n'est fondée sur aucun principe constant. Nous avons vu que dans un grand nombre de mots, on a retranché, malgré l'étimologie, les lètres sans valeur, pour raprocher l'écriture de la prononcïation : dans plusieurs autres, on a conservé les lètres sans valeur, malgré la prononcïation, ou à cause de l'étimologie, ou même contre l'étimologie, & l'analogie, come on le vèra bientôt. Quatriémement, parce que notre orthographe n'a point de regle qui n'ait ses exceptions ; exceptions qui ont èles-mêmes les leurs. Par exemple :

Une regle de notre orthographe dit que pour former le féminin du masculin des adjectifs qui se terminent par une consone, on ajoûte au féminin un *e* muet, *grand*, *grande* ; *seul*, *seule* ; *égal*, *égale* ; *voisin*, *voisine* ; *dur*, *dure* ; *permis*, *permise* ; *ouvert*, *ouverte*, &c.

Cete Regle a des exceptions : 1°. Les adjectifs en *el*, *ul*, *ol*, *an*, *ien*, *on*, *et*, *ot*, &c. doublent la consone finale, *cruel*, *cruelle* ; *nul*, *nulle* ; *fol*, *folle* ; *paysan*, *paysanne* ; *net*, *nette* ; *sot*, *sotte*, &c.

Cete exception a aussi ses exceptions ; car on écrit, *Océan*, *Océane* ; *mahométan*, *mahométane* ; *complet*, *complète* ; *discret*, *diſcrète ; inquiet , inquiète ; ſecret , ſecrète ; dévot , dévote ; Eſpagnol , Eſpagnole*, &c , &c.

Autre Exception. Nos adjectifs en *eux* & en *oux* changent au féminin *x* en *ſe. Heureux , heureuſe ; douteux , douteuſe ; peureux , peureuſe ; jaloux , jalouſe* , &c.

Voici une ſeconde regle de notre orthographe. Dans les noms , le pluriel ſe forme du ſingulier , en ajoutant une *s* , quand ces noms n'ont point d'*s* au ſingulier. Come , *le Roi , les Rois ; la vérité , les vérités : la vertu , les vertus ; l'habit , les habits ; le marchand , les marchands* , &c.

Ie Exception. Les noms en *au* , *eau* , *eu* , *œu* , *ieu* , & *ou* prenent au pluriel un *x* , au-lieu d'une *s. L'eau , les eaux : au monarque , aux monarques : le feu , les feux : le caillou , les cailloux* , &c.

Exception de l'exception. Bleu , hibou , matou , mou , clou , trou ; font , *les bleus , hibous , matous , mous , clous , trous.*

IIe Exception. Les noms en *ant* & en *ent* font , ſuivant bién des Auteurs , *ans , ens* au pluriel ſans *t. L'éléphant , les éléphans , il eſt diligent , ils ſont diligens* , &c. Pour moi je conſerve le *t* dans ces pluriels , c'eſt une biſarerie de moins : come nous écrivons *les plombs , les bancs , les ronds , les chèfs , les rangs , les coups , les chats , les ſecrets , les petits , les ſots , les atributs , les dents ,*

&c. j'écris de même *les enfants ſont négligents*, *les éléphants ſont puiſſants*, &c.

Nous écrivons avèc une ſeule *l*, *le bubale*, *le dédale*, *le ſcandale*, *le pétale ; la cabale*, *la régale*, &c. *L'éréſipele*, *le modele*, *le paralele*, *le zele*, &c. Il eſt *agile*, *facile*, *l'argile*, *le concile*, *la file*, *la pile*, &c. *La bouſſole*, *la banderole*, *la camiſole*, *la métropole*, &c. Il eſt *crédule*, *le ridicule*, *la canicule*, *il calcule*, *il diſſimule*, &c. On met deus *ll* dans *la dalle*, *la malle*, *la ſalle* (quoiqu'on écrive *le ſalon*) *l'intervalle*, *il inſtalle*, &c. *Rebelle*, *la canelle*, *la gabelle* (quoiqu'on écrive *gabelage*, *gabeler*, *gabeleur*) *il appelle* (quoiqu'on écrive *appeler*, *appelons*, *appelant* Acad.) *il renouvelle* (malgré *renouveler*, *renouvelons*. Acad.) &c, &c. *Le pupille*, *la ſibylle*, *la ville eſt tranquille*, *il diſtille*, *il vacille*, &c. (quoique dans ces mots les *l* ne ſoient pas mouillées, & qu'èles le ſoient dans les autres qui ont la même terminaiſon ; come, *la fille*, *la famille*, *il pille*, *la quille*, &c.) *La bouterolle*, *la colle*, *la moucherolle*, *la muſerolle*, *il accolle*, *il décolle*, &c. *La bulle eſt nulle*, *il annulle*, &c. On trouve à-peu-prês les mêmes biſareries pour les autres lètres ; voyez les remarques qui ſont dans ma Gramaire ſur l'Orthographe des finales. Coment ſe tirer de ce labirinte ? N'eſt il pas déſagréable d'être obligé de recourir à chaque inſtant à un Dictionaire, & de perdre bién du tems à des recherches qui ne forment ni le cœur ni l'esprit?

Les Savants m'objecteront, que souvent c'est l'étimologie qui a fait introduire ces doubles lètres ; mais puisqu'on les a suprimées dans la moitié de nos mots, malgré l'étimologie, la raison nous engage à faire la même chôse pour l'autre moitié. Voyez ce que j'ai dit p. 22 & suiv.

Quelques demi-Savants diront encore : Si l'on redouble la consone, c'est pour avertir que la voyele précédente est brêve. Je leur répondrai avec les meilleurs Gramairiens, que ce principe est faus, inutile, déraisonable.

1°. Ce principe est faus, puisque nous avons beaucoup de silabes longues, quoique la voyele soit précédée de deus consonnes ; comme *la flâmme*, *la bârre*, *le lârron*, *la châsse* d'un Saint, &c. Voyez ce que j'aï dit dans ma Gramaire sur la quantité des silabes.

2°. Il est inutile, puisque nous avons un grand nombre de silabes brêves où la consone n'est pas redoublée, & que pour savoir qu'une silabe n'est pas longue, il sufira qu'èle ne soit pas marquée de l'accent long.

3°. Il est déraisonable. La réduplication des consones devrait plutôt servir à alonger la silabe ; en éfet, ne met-on pas plus de tems à prononcer deus lètres qu'à en prononcer une ? C'était l'usage qu'en fesaient les Latins : chez eus toute voyele précédée d'une consone redoublée, était longue. Ainsi *fe* est brêve dans *fero*, *ferebam*, &c. mais cète même silabe est longue dans *ferre*, *ferrem*, &c.

Moyens simples, faciles & raisonés pour diminuer les dificultés de notre Orthographe.

En conformant l'orthographe à la bone prononciation, nous éviterions la plus grande partie de ces dificultés & bisareries. On pourait aisément suivre un plan raisoné & sujet à moins d'exceptions. Par exemple,

I. Puisque de *grand*, *seul*, *égal*, *vìl*, *subtìl*, *voisin*, *prochain*, *plein*, *dur*, *amèr*, *gris*, *discret*, *complet*, *parfait*, *petit*, *dévot*, *manchot*, *délicat*, *ingrat*, *ouvert*, *importun*, &c. nous formons le féminin en ajoutant l'*e* muet : *grande*, *seule*, *égale*, *subtile*, *vile*, *voisine*, *prochaine*, &c. pourquoi de *cruel*, *mortel*, *bel*, *nouvel*, *tel*, *fol*, *mol*, *paysan*, *ancién*, *le tién*, *bon*, *cet*, *net*, *sot*, *nul*, *cadet*, &c. ne ferions-nous pas au féminin, sans doubler les consones, *cruele*, *mortele*, *bele*, *nouvele*, *tele*, *fole*, *mole*, *paysane*, *anciene*, *la tiene*, *bone*, *cete*, *nète*, *cadète*, *sote*, *nule*. Il me semble qu'il n'y aurait aucun inconvénient à écrire ainsi, puisque nous écrivons *fidele*, *le modele*, *l'éréſipele*, *Eſpagnole*, *bouſſole*, *banderole*, *ridicule*, *crédule*, *la canicule*, *la mer Océane*, *la religion Mahométane*, *le profane*, *carene*, *ébene*, *patrone*, *Zône*, *patriote*, *dévote*, *il aliene*, *il mene*, *replète*, *ſecrète*, &c. &c.

On écrira come à l'ordinaire *vermeil*, *vermeille*, *le travail*, *il travaille*, *la bataîlle*, *le bataillon*, *le médaillon*, *périlleus*, *merveilleus*, *merveilleuſement*, &c. Les deux *ll* ſont ici néceſſaires pour le ſon mouillé.

On conſervera pour la même raiſon les deus *ll* dans *anguille*, *aigüille*, *aigüillète*, *fille*, *famille*, *ſourcilleus* ; mais nous en ôtons une dans *la ville eſt tranquille*, *il ſe tranquilliſe*, *il diſtille*, *il vacille*, &c. parce qu'on ne prononce qu'une *l* dans ces mots, & qu'èle n'y eſt pas mouillée ; ainſi nous écrivons *la vile eſt tranquile*, *il diſtile*, &c.

On m'objectera peut-être qu'il faut écrire *la ville* avec deux *ll*, pour diſtinguer ce mot de *vile*, mépriſable ; avec un *d*, *poids*, fardeau, pour le diférencier, du moins aus yeus, de *pois*, légume, *&c.*

1°. On fera ce qu'on voudra ſur ces mots particuliers ; ils ſont en ſi petit nombre, qu'ils ne doivent pas arêter les regles générales.

2°. dit M. Duclos : Si l'on emploïe quelquefois les mêmes sons dans la langue parlée, pour exprimer des idées diférentes, le sens & la suite des mots sufisent pour ôter l'équivoque des homonimes. L'intelligence ne seroit-èle pas pour la langue écrite, ce qu'èle fait pour la langue parlée...? L'esprit serait-il là-dessus en défaut ? N'avons-nous pas même des homonimes dont l'orthographe est pareille ? Cependant on n'en confond pas le sens. Tels sont les mots *son*, sonus, *son*, furfur, *son*, suus, & plusieurs autres.

M. Mannori, dans le discours préliminaire de ses Plaidoyers, a doné trois pages d'exemples de ces homonimes, & il n'a pas encore tout recœuilli.

On ne retranchera pas non plus les deus *ll* quand èles se prononceront ; come dans *illégitime*, *illicite*, *collation d'un bénéfice*, &c. je l'ôte dans *colation*, petit repas.

II. La lètre *s* est la marque du pluriel dans les noms : *les lits*, *les livres*, *les Rois*, *les marchands*, *les rangs*, *les secrets*, *les paysans*, *les courtisans*, *les diamants*, *les présents*, &c.

Nous écrirons de même *la loi*, *les lois*, Acad. *l'eau*, *les eaus* ; *le feu*, *les feus* ; *le lieu*, *les lieus* ; *le caillou*, *les caillous*, &c. come on écrit déja *les habits bleus*, *les hibous*, *les matous*, *les homes mous*, *les clous*, *les trous*. Nous terminerons aussi par une *s* ſes mots en *aux*, *eux* & *oux* ; ainſi nous écrirons *il eſt heureus*, *peureus*, *vicieus*, *odieus*, *jalous*, *faus*, *rous*. Delà le féminin, *heureuſe*, *peureuſe*, *vicieuſe*, *odieuſe*, *jalouſe*, *fauſſe*, *rouſſe* : delà *heureuſement*, *jalouſie*, *fauſſement*, *fauſſeté*, *rouſſâtre*, *rouſſeau*, *rouſſeur*. En un mot nous écrirons par une *ſ* les mots qui ont aujourd'hui un *x* final qui ne ſone point comme *qſ* : *la vois*, *la pais*, *la pois*, *les chevaus ſont inégaus*, *les maus ſont dangereus*, *la crois*, &c.

Cete orthographe conforme à la prononciation, rétablira l'analogie entre le primitif & ſes dérivés : *la crois*, *la croiſade*, *croiſer*, *croisète*, *croiſillon*, *croiſure*, *recroiſeté*, &c.

III. Puiſque nous écrivons *Mahométan*, *Mahométane* ; *ruban*, *rubaner*, *rubanerie*, *rubanier* ; *Océan*, *Océane* ; *devin*, *deviner* ; *fin*, *fine*, *fineſſe* ; *amidon*, *amidonier* ; *détonation*, *détoner* ; *ponton*, *pontonage* ; *ramoner*, *ramoneur* ; *tignon*, *tignoner* ; *légion*, *légionaire* ; *trépan*, *trépaner* ; *brun*, *brune*, *brunir* ; *importun*, *importune*, *importuner*, *importunité*, &c. ſans deus *nn* ; (c'eſt l'orthographe de l'Académie) nous écrirons de même *ban*, *banir*, *baniſſement* ; *tiran*, *tiranie*, *tiranique* ; *raiſon*, *raiſonable*, *raiſonablement*, *raiſoner*, *raiſoneur* ; *diction*, *dictionaire* ; *proportion*, *proportionel*, *proportionément*, *proportioner* ; *ocaſion*, *ocaſio-*

nel, *ocaſioner*, &c, &c. Ceux qui parlent bien, ne font pas entendre dans ces mots & les autres ſemblables, le ſon naſal qui auroit quelque chôſe de déſagréable.

Somes-nous conſéquents d'écrire *homme*, *homicide* ; *la ſalle*, *le ſalon* ; *intonation*, *entonner*, après avoir écrit *détoner*, Acad. *donateur*, *donation*, *donner*, *donneur* ; *honorer*, *honorable*, *honneur*, *honnête*, *honnèteté* ; *Chancelier*, *Chancellerie* ; *fœtus*, *ſuperfétation* ; *chariage*, *charier*, *chariot*, *charretée*, *charretier*, *charrète*, *charroi*, *charron*, *charronage* ; *pſalmiſte*, *pſautier*, *pſeaume*, *ſoûler*, *deſſaouler*, Acad. & grand nombre d'autres qu'il ſerait trop long de raporter ?

IV. Puiſque nous écrivons *vous cédez*, *ils cedent* ; *vous celez*, *ils celent* ; *vous pelez*, *ils pelent* ; *vous menez*, *ils menent* ; *vous aliénez*, *ils alienent* ; *vous vous promenez*, *ils ſe promenent* ; *vous ſemez*, *ils ſement* ; *vous eſpérez*, *ils eſperent* ; *vous achetez*, *ils achetent* ; *vous innovez*, *ils innovent*, &c. nous écrirons de même ſans doubler les conſones, *vous chancelez*, *ils chancelent* ; *vous apelez*, *ils apelent* ; *vous prenez*, *ils prenent* ; *vous tenez*, *ils tienent* : *vous venez*, *ils vienent* ; *vous sèrez*, *ils ſèrent* ; *vous promètez*, *ils promètent* ; *vous cachètez*, *ils cachètent*, &c, &c.

V. Puiſque de *remercier*, *châtier*, *ſecouer*, &c. l'Académie écrit *remercîment*, *châtîment*, *ſecoûment*, &c. il ſerait à ſouhaiter que l'on gardât la même marche pour les autres noms formés des verbes en *ier*, *ouer*, *oyer*, &c. & qu'on écrivît ſans *e* tous ces noms : *renîment*, *crucifîment*, *dénoûment*, *engoûment*, *aboîment*, *dévoûment*, &c. Cet *e* ne ſe prononce point, & jamais on n'en tiént comte dans la Poéſie. Ou ſi l'on veut conſerver cet *e*, qu'on le mète par-tout, afin d'éviter les exceptions.

Nous écrivions autrefois *aſſiduement*, *poliement*, *vraiement*, *ingénuement*, &c. on a retranché l'*e* de ces adverbes, & l'on écrit aujourd'hui, *aſſidûment*, *polîment*, *vraîment*, *ingénûment*.

Si l'on retranche l'*e* dans les ſubſtantifs & les adverbes, ne ſera-t-il pas convenable de le retrancher auſſi dans les futurs & conditionels des verbes en *éer*, *ier*, *ayer*, *oyer*, *uer* ; *j'agrêrai*, *je crêrais*, *je remercîrai*, *nous juſtifîrons*, *nous emploîrons*, *nous éternûrons*, &c.

VI. Puiſque nous écrivons *clignotement* ; *clignoter* ; *chuchoter*, *chuchoteur*, *chuchoterie* ; *radotage*, *radoter*, *radoterie*, *radoteur*, *ſangloter*, *vivoter*, &c. pourquoi ne pas écrire de même avec un ſeul *t*, *buvoter*, *garoter*, *marmoter*, &c.

Remarque ſur oi *&* eoi.

Oi & *eoi* ont tantôt le ſon de l'*è* ouvert ou de l'*é* long, tantôt ils forment une diphtongue ; ſouvent ils ont dans le même mot ces deux ſons diférents. Pour faciliter la prononciation, nous écrivons avèc pluſieurs bons Auteurs par *ai*, *eai* les ſilabes *oi*, *eoi*, dans les mots où èles ont le ſon de l'*e* : *je choiſirais*, *il croiſait*, *ils envoyaient*, *ils employaient*, *les Polonais*, *les Anglais*, *la monaie*, *le monayeur*, *conaître*, *paraître*, *faibleſſe*, &c. On pourait encore écrire d'une maniere plus ſimple, *l'Anglês*, *le Polonês*, *je donês*, *tu donês*, *il donet*, *ils donét*, &c. mais cete ſeconde maniere choquerait peut-être la vue ; au-lieu qu'on eſt déja fait à l'autre.

Des Voyeles naſales.

Les voyeles naſales *am*, *an*, *ean*, *em*, *en*, ont ordinarement le même ſon : *amplement*, *tremblement*, *vengeance*, *vendant*, *enfant*, *le cliënt*, *la cliëntele*, *l'entendement*, *ambigûment*, &c. Nous ne propoſons point de changer l'orthographe de ces mots, ce ſerait un changement trop conſidérable ; mais come l'*e* des naſales *em*, *en* ne prend pas dans pluſieurs mots le ſon de l'*a*, pour avertir de cete prononcïation, nous metons l'accent fermé ſur l'*e*, ſi la finale ne ſe prononce pas entiérement, *le bién*, *le mién*, *le tién*, *le ſoutién*, *le maintién*, *je tiéns*, *je viéns*, *je tiéndrai*, *je viéndrai*, *le Chrétién*, *la Chrétiénté*, *le doyén*, *le moyén*, *l'entretién*, *le Pariſién*, *Agén*, &c, &c. Si la finale ſe prononce entiérement, come dans les mots latins *aurem*, *item*, *examen*, *pecten*, nous mètons ſur l'*e* l'accent `, *examèn*, *hymèn*, *Jéruſalèm*, *Sichèm*, *Harlèm*. V. p. 37.

L'*e* ayant toujours le ſon de l'*e* dans *ene*, nous n'y mètrons point d'accent quand la ſilabe ſera brêve, come dans *ébene*, *phénomene*, *il mene*, *ils prenent*, *ils tienent*, *ils aprenent*, &c. Si la ſilabe eſt longue, nous mètrons ſur l'*e* l'accent long : *le chêne*, *l'arêne*, *Athêne*, *la ſcêne*, *il ſe gêne*, &c.

Remarques ſur gua, gue, gui, guo.

Gua, *gue*, *gui*, *guo* ſe prononcent ordinairement come dans *il vogua*, *la vogue*, *guérir*, *guider*, *nous voguons*, &c. Quelquefois ces lètres font deus ſilabes, come dans *il argüa*, *la cigüe*, *la continüité*, *l'ambigüité*, *nous argüons*; alors je marque l'*u* de deus points.

Dans d'autres mots *gui*, quoique d'une ſilabe, forment une diphtongue, & ſe prononcent en feſant ſentir l'*u*, come *la vile de Guiſe*, *aiguiſer*, *aiguille*, *aiguillon*, &c.

alors plaçons ſur cet *u* l'accent ` : *Gùiſe*, *aigùiſer*, *aigùille*, *aigùillète*, *aigùillon*, &c. Par ce moyén ſimple, on ſera averti que dans ces mots les lètres *gui* ſont une diphtongue, & qu'èles ne doivent ſe prononcer ni come dans *vivre à ſa guiſe*, *déguiſer*, *anguille*, &c. ni come dans *contigüité*, *ambigüité*. Dans ces deux derniers mots, *gui* ſont deus ſilabes.

Come le *g* a le ſon de *ge*, ou *j*, & de *gue*, il nous faudrait pour certains mots un *g* marqué d'un point au-deſſus. Aćtüélement nous écrivons *la geole*, *le geolier*, *la mangeure*, *la gageure*, *il jugea*, *il gagea*, *il rangea*, &c. nous *jugeons*, *gageons*, *rangeons*, &c. Nous prononçons *jole*, *jolier*, *manjûre*, *gajûre*, *il juja*, *gaja*, *ranja*, *nous jujons*, *gajons*, *ranjons*, &c. Un *g* marqué d'un point au-deſſus ôterait l'irrégularité qu'il y a dans les verbes en *ger* : de *porter*, *danſer*, &c. on fait *portant*, *danſant*, *portons*, *danſons*, &c. en changeant *er* en *ant*, *ons* : dans les verbes en *ger*, il faut inſérer un *e* avant *ant*, *ons* : *changer*, *changeant*, *changeons*. Ce que je propôſe ici pour le *g*, on l'a fait pour le *c*, en mètant une cédille deſſous, *ç*. Autrefois de *placer*, on écrivait *placeant*, *il placea*, *nous placeons* ; *de concevoir*, *recevoir*, &c. on écrivait *il a conceu*, *receu*. Aujourd'hui on écrit *plaçant*, *plaça*, *plaçons*, *conçu*, *reçu*. Il ſerait à ſouhaiter que l'on fît la même chôſe pour le *g* ; car aprês avoir prononcé *gageur*, *mangeur*, *changeur*, *vengeur*, &c. on eſt tenté de prononcer de même *gageure*, *mangeure*, *chargeure*. Ou écrivons ces mots avèc le *j*, *charjûre*, *gajûre*, *manjûre*, &c.

Remarque ſur H.

La lètre *h* eſt ou muète, come dans *l'home*, *l'humeur*, ou aſpirée, come dans *la harangue*, *le héros* : il ſeroit à ſouhaiter que dans les Imprimeries il y eût des *h* aſpirées figurées autrement que les *h* muètes.

Remarque ſur ch.

Ces deus lètres ſe prononcent ordinairement come dans *cherchons*, *charité*, *chimie*, *Archevêque*, *chuchoter*, &c.

Ch en pluſieurs autres mots ont le ſon de *q*, come dans *Archiépiſcopal*, *Archiépiſcopat*, *Euchariſtie*, *Anachorète*, *Catéchumene*, *chélidoine*, &c. Puiſque malgré l'étimologie, & pour conformer l'orthographe à la prononcïation, l'Académie a retranché l'*h* dans *caractere*, *carte*, *colère*, *corde*, *patriarcal*, *patriarcat*, *ſtomacal*, *école*, *écolier*, *ſcolarité*, *ſcolaſtique*, *mécanique*, *mécaniquement*, *mécaniſme*, *mécaniſte*, *paſcal* & un grand nombre d'autres ; n'eſt-il pas conſéquent d'écrire par la même raiſon ſans *h* *Anacorète*, *Catécumene*, *Eucariſtie*, & tous les autres mots qui s'écrivent aujourd'hui par *cha*, *cho*, *chu*, quoiqu'ils ſe prononcent come *ca*, *co*, *cu*. Quant aus mots en *che*, *chi*, j'écrirais *arqétipe*, *Arqïépiſcopal*, *qélidoine*, *qiromancie*, &c. ou *arkétipe*, *Arkiépiſcopal*, *kélidoine*, *kiromancie*, &c.

Come *Ch* ſuivies d'*l*, *n* ou *r*, ont toujours le ſon de *q*, on poura, ſi l'on veut, continuer d'écrire *Chloris*, *arachné*, *Chrême*, huile ſainte, *Chrétién*, *Chrétiénté*, *le Chriſt*, *Jéſus-Chrit*, *chronique*, *chronologie*, &c.

Remarque ſur ph.

Ces deus lètres ont le ſon de l'*f*. On écrit ordinairement par *ph* les mots qui vienent du grèc, & qui dans cete langue s'écrivent par φ, come *philoſophe*, *pharmacie*, &c.

Mais puiſque l'Académie & la plupart des Auteurs écrivent *faiſan*, *fantaiſie*, *fantôme*, *frénéſie*, *filtration*, *fiole*, *le feu*, *profane*, *ſcrofulaire*, *ſcrofuleus*, *la toufe*, &c. avec leurs dérivés, quoiqu'en grèc ces mots ſoient par un φ, & qu'on ait écrit autrefois *phaiſan*, *phantaiſie*, *phantôme*, *phrénéſie*, *philtre*, *prophane*, *ſcrophulaire*, &c. ne ſeroit-il pas conſéquent d'écrire de même *filoſofe*, *ortografe*. *éléfant*, &c. Voyez ce que j'ai dit ſur la prononciation du *ph* chez les Latins, p. 24. Au reste come le *ph* a toujours le son de l'*f*, on peut le conserver, & c'est le parti que nous avons suivi. Nous voulons faire le moins de changements qu'il est possible.

Remarque sur qua, que, qué, qui, quo, quu.

Qua, *que*, *qué*, *qui*, *quo*, *quu*, se prononcent ordinairement come dans *qualité*, *remarque*, *requérir*, *quiter*, *quotidièn*, *piquûre*, ou avec l'Académie *piqûre*.

Quelquefois *qua*, *que*, *qui* se prononcent come dans les mots latins *qualitas*, *queror*, *quilibet*. *Aquatique*, *équateur*, *équestre*, *questeur*, *quinquagenaire*, *quinquagésime*, &c. Pour indiquer cete prononciation, nous mètons sur l'*u* l'accent ` ; *aqùatique*, *éqùateur*, *éqùestre*, &c.

Pour éviter toute équivoque, tout embâras, il faudrait écrire sans *u*, *qalité*, *remarqe*, *marqé*, *aqérir*, *qiter*, *qotidièn*, *piqûre*, &c. & les autres mots où l'*u* ne se prononce pas. L'Académie en a doné l'exemple en écrivant *piqûre* au-lieu de *piquure*, & *vide*, *vider*, *vidange*, *vidangeur*, au-lieu de *vuide*, *vuider*, &c. Alors on écriroit l'*u* dans les mots qui se prononcent come les mots latins *qualitas*, *queror*, *quilibet* : *aquatique*, *équateur*, *quinquagésime*, &c.

On écrit en latin *quater*, *queror*, *requirere*, *quidam*, &c. cela eſt raiſonable, parce que l'*u* ſe prononce dans ces mots ; mais nous qui ne le feſons pas ſentir dans *qualité*, *remarque*, *requérir*, *quiter*, &c. quele néceſſité de l'y conſerver ?

Dans l'uſage actüel, des verbes en *quer*, on forme des adjectifs tantôt en *cable*, tantôt en *quable* : *comuniquer*, *comunicable* ; *pratiquer*, *praticable*, &c. *ataquer*, *ataquable* ; *remarquer*, *remarquable*, *critiquable*, &c. je ne ſais pas d'où vient cete diférence. D'*Afrique*, *Amérique*, *République*, &c. on fait, ſelon les uns, *Africain*, *Américain*, *Républicain*, & ſuivant d'autres, *Afriquain*, *Amériquain*, *Républiquain*, &c.

Si l'on ôtait l'*u* aprês le *q*, on écrirait *comuniqer*, *comuniqable*, *pratiqer*, *pratiqable*, *ataqer*, *ataqable*, *ataqe*, *remarqe*, *remarqer*, *remarqable*, *Afriqe*, *Afriqain*, *Amériqe*, *Amériqain* ; ce qui ſerait bién plus analogue. Les mots *coq*, *cinq* nous font voir qu'on peut ſe paſſer de l'*u* aprês le *q*.

La néceſſité a fait placer un *u* dans *fatigue*, *fatiguer*, *intrigue*, *intriguer*, *naviguer*, *promulguer*, *la cargue*, &c. mais cet *u* n'eſt-il plus néceſſaire pour doner au *g* le ſon de *gue* ? nous l'ôtons des dérivés *fatigant*, *intrigant*, *navigable*, *navigateur*, *navigation*, *promulgation*, *cargaiſon*, &c.

Au reſte je ne fais que propoſer cete ſupression de l'*u* aprês le *q* ; je ne l'ai pas pas faite dans le Dictionaire, parce que j'ai trouvé sans cela un moyén d'indiquer la prononcïation.

Rémarque sur S.

S entre deus voyeles a le son du *z* : *raison*, *résider*, *réserver*, *préserver*, *présumer*, *résoudre*, &c.

Voilà pourquoi dans les mots composés de *pré*, *re*, *dé*, & dont le simple comence par une *s*, on double presque toujours l'*s*, quand dans le composé l'*s* a le son qu'èle a dans *sage* ; *pressentiment*, *pressentir*, *ressentiment*, *ressouvenir*, *ressource*, *dessaler*, *dessécher*, *desservir*, &c. mais bién des Auteurs ne la doublent pas dans *préséance*, *présuposer*, *resaigner*, *resaisir*, *resaluer*, *resacrer*, &c. & cependant l'*s*, quoiqu'entre deux voyeles, n'a pas le son du *z* dans ces mots. Pour éviter tout embâras & indiquer la prononcïation, nous doublons l'*s* dans tous les composés quand èle n'a pas le son du *z* : puisque malgré les simples, *sentiment*, *sentir*, *souvenir*, *source*, &c. on écrit avèc deus *ss*, *pressentir*, *pressentiment*, *ressouvenir*, *ressource*, &c. la raison invite aussi à écrire *presséance*, *pressuposer*, *ressaigner*, *ressaisir*, *ressaluer*, *ressacrer*, &c. Nous écrivons de même *monossilabe*, *polissilabe*, *vraissembla-*

ble, *parassol*, *trissilabe*, &c. Par ce moyen on n'est plus obligé de recourir continuélement au Dictionaire, pour savoir s'il faut deus *ss* dans ces composés ; on n'est plus tenté de prononcer *prézéance*, *prézuposer*, *rezaigner*, *rezaizir*, &c. *monozilabe*, *parazol*, &c.

Dans les mots composés de *sous*, tantôt on retranche la lètre *s* : *soubassement*, *soucoupe*, *sougarde*, *sougorge*, *soulever*, *soulevement*, *souligner*, *soumètre*, *soumission*, *soutenir*, Acad. *soumultiple*, Trévoux ; tantôt on conserve l'*s*, come dans *sous-bibliothécaire*, *sous-chantre*, *sous-ferme*, *sous-diacre*, *sous-louer*, &c.

Pour suivre une marche uniforme, & parce qu'on a retranché l'*s* dans le corps des mots où èle ne se prononce pas, come *étude*, *Chrétién*, *épier*, *répondre*, &c, &c. nous la retranchons de même dans tous ces mots quand èle ne s'y prononce pas, & nous écrivons *soubibliothécaire*, *souchantre*, *soudiaconat*, *soudiacre*, *souferme*, *soulouer*, &c. come on écrit *soubassement*, *soucoupe*, *sougarde*, &c. Nous conservons l'*s* dans *souscription*, *souscripteur*, *souscrire*, *sous-entendre*, *soustraire*, parce qu'on l'y prononce. C'est ainsi que nous écrivons *Chrétien*, *Christianisme* ; *récrire*, *rescription* ; *épier*, *espion* ; *répondre*, *responsable*, *répondant* ; *corespondant*, *corespondre*, &c, &c.

Remarque

Remarque sur ti.

Ces deux lètres *ti* sonent tantôt come *ci*; tantôt le *t* garde le son qui lui est ordinaire.

Ti précédés d'une *s* ou d'un *x*, sont toujours *ti* : *bastion*, *indigestion*, *question*, *questioner*, *mixtion*, *mixtioner*. *Ti* ont le même son quand ils comencent le mot, *la tiare*, *la tiédeur*, *le tién*, *tiercer*, *le tièrs*. *Thi* sont dans le même cas ; *la Thiérache*, *Thionvile*, *Mathias*, *Mathieu*.

Mais dans le corps du mot, *ti* suivis d'une voyele & non précédés d'une *s* ou d'un *x*, sonent tantôt come *ci*, tantôt come *ti* : *châtier*, *balbutier*, *entier*, *initier*; *nous portions les portions* ; *nous dictions*, *les dictions* ; *nous infections*, *les infections* ; *les Chrétiéns sont patients* ; *les soutiéns*, *les Vénitiéns*, &c.

Pour éviter cet embâras, il faudrait écrire par *ci* les mots où *ti* ont le son de *ci* : *inicial*, *parcial*, *ambicieus*, *pacient*, *primacie*, *prophécie*, *minucieus*, *balbucier*, *Vénicién*, *la porcion*, *l'atencion*, &c. C'est ainsi que l'Académie a écrit *succion*, mot que Trévoux & Poitiers écrivent *suction*. Ce changement d'ailleurs paraît conforme à ce qu'on a fait pour plusieurs autres mots. Par exemple, nos mots en *ance* & *ence* sont formés de mots latins en *tia* : *abondance*, abundantia ; *perſévérance*, perſeverantia ; *bienveillance*, benevolentia ; *ignorance*, ignorantia ; *clémence*, clementia ; *démence*, dementia ; *évidence*, evidentia, *&c.* De même *le ſilence*, *la grâce*, *l'eſpace*, *la préface*, *le précipice*, *le vice*, *les noces*, &c. vienent de *ſilentium*, *gratia*, *ſpatium*, *præfatio*, *præcipitium*, *vitium*, *nuptiæ*. De *negotium*, nous avons fait *négoce*, *negociable*, *négociant*, *négocïateur* ; de juſtitia, *juſtice*, *juſticiable*, *juſticier* ; de licentia, *licence*, *licencié*, *licenciement des troupes*, *licencier*, *licencieus*, *euſe*, *licencieuſement*, *&c.* La plupart des dérivés s'écrivaient autrefois par un *t* : *ſilentiaire*, *ſilentieux*, *gratieux*, *ſpatieux*, *vitieux*, *négotiant*, *licentié*, *licentieux*, &c. Voilà pourquoi l'Académie & Poitiers, aprês avoir écrit par un *c*, *pénitence*, *pénitencier* ; *licence*, *licencié*, *licencier*, *licencieus*, *licencieuſement*, &c, &c. écrivent encore avec un *t*, *pénitentiaux*, *pénitentiel* ; *eſſence*, *eſſentiel* ; *ſubſtance*, *ſubſtantiel*, *ſubſtantialité*, *ſubſtantiellement* ; *différence*, *différentiel*, *différentiellement* ; *peſtilence*, *peſtilentiel*, &c. Il nous ſemble qu'il eſt beaucoup plus ſimple & plus naturel de former du mot français les dérivés ; c'eſt le parti que nous avons pris, & nous écrivons tous ces mots avec un *c* come leur primitif, *pénitence*, *pénitencier*, *pénitenciaus*, *pénitenciel ; essence , essenciel ; substance , substanciel , substancialité , substanciélement*, &c. Sans cete uniformité, on est toujours dans l'incertitude, & il faut souvent recourir au Dictionaire.

Au reste, come dans les noms en *tion*, *ti*, non précédés d'une *s* ou d'un *x*, ont toujours le son de *ci*, je continue d'écrire *l'atention, la diction, la proportion*, & *proportioner, proportionel, proportionélement*, &c. mais j'écrirai avèc un *c*, *inicial, inicier, balbucier, primacie, prophécie, silencieus, essenciel, pacient, paciament, pacienter, Vénicién*, &c, &c.

Remarque sur X.

X final, come nous l'avons déja remarqué, a le son de *qs* dans *Stix, onix, larinx, borax, storax*, &c. X a le même son dans *Alexandre, axe, axiome, axipete*, &c.

Mais presque toujours *x* final, suivi d'un mot qui comence par une voyele, se prononce come l'*s* de *raison, maison ; six amis, heureux enfants*, &c.

X a encore le même son dans *deuxieme, deuxiémement, dixieme, dixiémement, sixieme, sixiémement, sixain*, &c.

X au contraire a le son de l'*s* de *sévere* dans *Aix, Aix-la-Chapelle, Auxerre,*

Bruxelle, *dix-ſept*, *ſoixante*, *ſoixantieme*, *ſoixantaine*, &c.

Remarquez en outre que nos Dictionaires qui écrivent *deuxieme*, *ſixieme*, *ſixain*, *dix*, *dixieme*, &c. mètent un *z* dans les ſuivants, *dizain*, *dizaine*, *dizeau*, *dizenier.*

Pour ôter ces inconſéquences, nous conformons l'orthographe à la prononcïation, & nous écrivons tout ſimplement *deus*, *deuſieme*, *deuſiémement*, *dis*, *diſain*, *diſieme*, *diſiémement*, *diſaine*, *diſeau*, *diſenier*, *sìs*, *ſiſain*, *ſiſieme*, *ſiſiémement*, *douſe*, *douſaine*, *douſieme*, *treiſe*, *treiſieme*, *ſeiſe*, *ſeiſieme*, &c.

Nous conſervons le *z* dans *quatorze*, *quatorzieme*, *quinze*, *quinzieme*, &c. conformément à la prononcïation. Par la même raiſon nous écrivons *dis-sèt*, *diſſètieme*; *ſoiſſante*, *ſoiſſantieme*. On poura écrire de même *Aìs*, *Aìs-la-Chapele*, *Auſſère*, *Bruſſele*, &c. C'eſt ainſi que nous écrivons *Sainte*, *Saintonge*, au lieu de *Xainte*, *Xaintonge* qu'on écrivait autrefois; ou l'on n'y changera rién, parce que ce ſont des noms propres.

Je continue d'écrire *axe*, *axiome*, *axipete*, *Stix*, *onix*, *larinx*, *borax*, *Storax*, &c. parce que dans ces mots, *x* a le ſon de *qs*.

Ex commençant le mot, & ſuivies d'une voyèle ou d'une *h* muète, ſont *egz*: *examèn*, *exil*, *exercer*, *exhaler*, *exhorter*, *exhumation*, &c. Come la regle eſt générale, on peut ne rien changer à l'orthographe de ces mots, & c'eſt le parti que nous avons ſuivi.

De l'Y.

Y a le ſon de l'*i* français dans *y* : *il y viendra*. *Y* a le même ſon entre deus conſones dans les mots qui vienent du grèc, come *myſtere*, *ſyndic*, *ſyntaxe*, &c. Pluſieurs bons Auteurs écrivent ces mots avèc l'*i* français, & l'Académie, come nous l'avons déja remarqué, écrit *abſinthe*, *alchimie*, *alchimiſte*, *alchimique*, *chimie*, *aſile*, & pluſieurs autres mots, où, dans les premieres éditions, èle avait employé l'*y* grèc; ainſi pour l'uniformité & pour être conſéquent, il faudrait écrire tous ces mots avèc un *i*. Les Savants n'ont pas beſoin de conaître coment un mot eſt écrit pour ſavoir d'où il viént. Au reſte nous avons conſervé l'*y* dans les mots purement ſcientifiques, & nous avons employé l'*i* français dans ceus qui ſont d'un uſage plus comun.

Y placé entre deus voyeles, a le ſon de deus *ii* : *eſſayer*, *pays*, *il envoya*, *il eſſuya*, &c. C'eſt-là l'uſage ordinaire de l'*y*. Quelques Auteurs en ce cas mètent deus *ii* à la place de l'*y* ; je ferais aſſez de cet avis, ſi dans l'écriture courante, ces deus *ii* ne reſſemblaient point à un *u* marqué de deus points, come dans *ciguë*, *virtuël*, &c.

Dans les verbes en *ayer*, *oyer*, *uyer*, on écrit avec l'*y* grèc le préſent de l'indicatif; *nous payons*, *vous payez* ; *nous employons*, *vous employez* ; *nous eſſuyons*, *vous eſſuyez*, &c. à l'imparfait de l'indicatif & au préſent du ſubjonctif, on ajoûte un *i* aprês l'*y* grèc, *nous payions*, *vous payiez* ; *il faut que nous employions*, *que vous employiez le tems.* Come on n'entend pas dans ces derniers mots le ſon de trois *i*, & que toute la diférence qu'il y a entre le préſent de l'indicatif & l'imparfait du même mode, ou le préſent du ſubjonctif, c'eſt que les ſilabes *ai*, *oi*, *ui*, ſont longues à l'imparfait de l'indicatif & au préſent du ſubjonctif ; il ſufirait de mètre l'accent long ſur l'*y* ; *nous payons*, *vous payez*, *nous employons*, *nous eſſuyons.* Cet *y* long ſervirait auſſi pour *abyme*, *abymer*, &c.

Y s'emploie encore dans les verbes en *ayer*, aus tems qui finiſſent par l'*e* muet, come *il eſſaye*, *il fraye*, *la paye*, &c. & dans ces mots, *y* n'a pas préciſément le ſon de deus *ii*, come dans *pays*, *payſan*, *abaye*, il n'a que le ſon d'un *i* & d'un mouillé faible. Nous croyons en conſéquence que l'orthographe du mot *abaye* eſt équivoque ; ainſi nous écrivons *abéie.* N'eſt-il pas d'ailleurs plus naturel de dériver ce mot du français *Abé*, *Abêsse*, que du latin ?

Du Z.

Z s'emploie au comencement des mots; *le zéle*, *la zizanie*, *le zéro*, *la Zône*, &c. à la fin des secondes persones des verbes, *vous jouez*, *donez*, *mangerez*, *liriez*, &c. Quelques Auteurs écrivent ces secondes persones par *és*; mais il faut observer que l'*e* est fermé moins clair dans *vous jouez*, *donez*, *mangez*, &c. que dans *ils sont joués*, *donés*, *mangés*. On emploie encore le *z* dans *nez*, *chez*, *assez*; & enfin au milieu de quelques autres mots: *onze*, *onzieme*, *quatorze*, *quatorzieme*, *gaze*, *gazète*, &c. Dans les mots où le *z* est entre deus voyeles, l'*s* peut y supléer; aussi les uns les écrivent par une *s*: *hasard*, *hasarder*, *hasardeus*, *nez*, *nasal*, *nasalité*, &c. Acad. les autres, come Poitiers, écrivent *hazard*, *hazarder*, *hazardeus*; Trévoux écrit *nazal*, & avèc l'*s*, *nâsillard*, *nâsiller*, *nâsilleur*, &c. Pour l'uniformité & pour éviter tout embâras, j'écris tous ces mots avec une *s*: *hasard*, *hasarder*, &c. *nasal*, *nasillard*, *gase*, *gasète*, *thêse*, *Diocêse*, *trapêse*, &c, &c.

Objections.

Mais, dira-t-on, si les Livres étaient imprimés deſormais ſuivant l'orthographe que vous propôſez, il faudrait, pour ainſi dire, apprendre de nouveau à lire, & nous ne ſaurions plus faire uſage des Livres qui ſont actüélement dans nos Bibliotèques ?

R. Si ce que je propôſe entraînait un pareil inconvénient, il faudrait, ſans balancer, le rejeter ; mais il s'en faut bién que ma petite réforme cauſe une pareille peine & un tel domage.

1°. L'orthographe que je propôſe s'éloignera beaucoup moins de l'actüele, que l'actüele ne s'éloigne de cèle qui était uſitée dans le ſiecle de Louis XIV.

Voici l'Orthographe de M. Regnier Deſmarets, Secrétaire de l'Académie Françaiſe. Dans ſa Gramaire, imprimée au comencement de ce ſiecle, en 1706, il écrit : *Je ſouſmets, tousjours : voſtre jugement ; j'ay eſté ; vous avez creu reſpondre ; il auroit deu, il auroit peu deſirer ; il a conceu l'advis ; il adjouſte, moy, toy, luy ; l'Autheur a desja obmis, s'il m'eſtoit eſchappé ; il connoiſt le blaſme, aſſeurer, oſter, abbréger, aggrandir*, &c, &c. C'était-là pour lors l'Orthographe de l'Académie ; aujourd'hui èle orthographie ainſi ces mots : *Je ſoumets, toujours : votre jugement ; j'ai été ; vous avez cru répondre ; il auroit dû, il auroit pu deſirer ; il a conçu l'avis ; il ajoute, moi, toi, lui : l'Auteur a déja omis ; s'il m'étoit échappé, il connoît le blâme, assurer, ôter, abréger, agrandir*, &c.

J'écris ces mots come l'Académie actüele, excepté que je mets avèc un *a*, *il aurait, il était*, & que je ne mets qu'un *p* dans *échapé*, & qu'une *n* dans *il conaît*. Je puis donc conclûre que mon orthographe s'éloignera moins de l'actüele, que l'actüele ne s'éloigne de cèle qui était usitée au comencement de ce siecle. Ainsi come nous lisons encore bién les livres imprimés dans le siecle de Louis XIV, à plus forte raison pourons-nous, malgré ma petite réforme, lire ceus qui sont imprimés suivant l'orthographe de l'Académie actüele.

2°. Je ne propôse que d'ôter les lètres que nous somes obligés de suprimer mentalement quand nous lisons. Qu'il s'agisse de lire ce qui suit :

La citrouille étoit bién aoûtée ; on l'a donnée aux aoûterons à la fin d'Août ; ils l'ont mangée avec deux oisons, dix poissons, & des oignons qu'ils ont pris dans l'oignonniere ; ils n'étoient que dix. Les Grècs ont deux aoristes. L'Archange S. Michel. Un anachorète vint avèc un catéchumene chercher M. l'archevêque ou son archidiacre au palais archiépiscopal. La biche a faonné, nous avons pris son faon, il a été mordu d'un taon. Il faut qu'il paroisse à la paroisse. Les François sous François premier ont arrêté un monnoyeur & un pourvoyeur qui envoyoient des vivres & de la monnoie en Savoie. J'ai vu percer une anguille avèc une aiguille. Ne déguisez rien : aiguisez votre couteau. Il faut un bon guide pour éviter ces ambiguités. Les fievres de l'Automne ou automnales sont dangereuses. Cette condamnation est juste ; la femme malgré son dilemme étoit condamnable. Il a le cul sur la selle. Mon fils porte du fil, des outils, des barils, un fusil, & ne craint point le péril. Une opinion damnable : Dieu damnera les méchants : il a reçu le baptême, ou il a été baptisé dans la sacristie, on raccommodoit les fonts baptismaux.

Pour bién lire ces phrâses & une grande quantité d'autres que je pourais ajouter, ne faut-il pas retrancher mentalement les lètres qui ne s'y prononcent pas, & lire come s'il y avait ?

La citrouille était bién aoûtée ; on l'a donée aus oûterons à la fin du mois d'Oût, ils l'ont mangée avèc deus oisons, dis poissons, & des ognons, qu'ils ont pris dans l'ognoniere, ils n'étaient que dis. Les Grècs ont deus oristes. L'Arcange S. Michel. Un anacorète vint avèc un catécumene chercher M. l'archevêque ou son archidiacre au palais arqiépiscopal. La biche a fané, nous avons pris son fan, il a été mordu d'un ton. Il faut qu'il paraisse à la paroisse. Les Français sous

François premier ont arêté un monayeur & un pourvoyeur qui envoyaient des vivres & de la monaie en Savoie. J'ai vu percer une anguille avèc une aigùille. Ne déguiſez rién : aigùiſez votre couteau. Il faut un bon guide pour éviter ces ambigüités. Les fievres de l'Autone, ou automnales ſont dangereuſes. Cete condânation eſt juſte ; la fame malgré ſon dileme était condânable. Il a le cu ſur la ſele. Mon fis porte du fil, des outis, des baris, un fuſi, & ne craint point le péril. Une opinion dânable : Dieu dânera les méchants. Il a reçu le batême dans la ſacriſtie, on racomodait les fonts baptiſmaus.

3°. Les accents que je place ſur certaines ſilabes, & les autres petits changements que je fais, faciliteront beaucoup la prononcïation.

Qu'on ait à lire les phrâſes ſuivantes : *Je ne puis me ſier, ne vous en déplaiſe, à un home fièr. Vous prenez du tabac, un almanac, vous avez des maus d'eſtomac. Mètez le trictràc dans ſon ſàc : alez vèrs le làc. Un danger que je courus hièr, m'avertit que les plaiſirs ſont amèrs. Au coucher du ſoleil, mon chèr, le plancher de mon belvedèr tomba ſur le bucher. Le fratèr du vilage, ſuivi d'un archer & de mon boulanger, aporta dans une cuillèr de l'onguent pour guérir le cancèr de mon cocher. Voyez s'il y a un às dans ce tas de cartes. Donez-moi votre avis ſur cete vìs. Prenez du kermès pendant l'accès.* Quand une fois on ſaura qu'il faut prononcer fortement la conſone finale précédée de l'accent (`), on ne ſera plus embaraſſé ſur la prononcïation de ces mots ; & par la raiſon contraire, quand la voyele avant la conſone finale ne ſera point marquée de l'accent, on conclura qu'il ne faut pas prononcer cete finale.

Je ne propôſe, come on voit, que d'ôter les lètres que nous ſomes obligés de ſuprimer mentalement quand nous liſons ; & même je ne retranche ces lètres, que quand èles peuvent faire mal prononcer, parce que ſonant dans d'autres mots ſemblables, on ne ſaurait faire conaître ſi èles ſont muètes dans les premiers mots. De même les accents que je place dans certains mots, & les autres petits changements que je fais, ſont utiles pour fixer la prononcïation. Ainſi ce que je propôſe, loin de rendre la lecture plus dificile, la facilitera beaucoup. Ce ſerait, come le ſouhaite M. de Querlon, le vrai moyén de fixer & l'orthographe & la prononcïation de notre langue.

« Quand on écrira exactement come on « prononce, dit M. Mannory, on écrira « toujours de même, & l'on prononcera « auſſi toujours de même. Les lètres & les « ſons, c'eſt-à-dire, l'orthographe & la

« prononcïation ſe ſerviront mutüélement ; « les ſons aprendront coment il faut ortho- « graphier, & les lètres coment il faut pro- « noncer. Il n'y aura plus qu'une orthogra- « phe, qu'une prononcïation, & par con- « ſéquent qu'une langue. »

D'ailleurs, come on l'a vu précédament, dans les mots où je retranche des lètres inutiles, je ne fais que me conformer à ce qu'on a déja pratiqué dans d'autres mots ſemblables. Puiſque la prononcïation nous a fait retrancher, même contre l'étimologie, les lètres doubles & inutiles dans la moitié de nos mots, la même raiſon nous invite à les retrancher dans l'autre moitié. Notre orthographe ſera toujours três dificile, ſi l'on ne cherche pas à faire des regles uniformes, ſi l'on continue d'admètre à chaque inſtant des exceptions.

« Les lètres à la vérité ne ſont que des « ſignes. Mais tout ſigne, dit três - bién « M. Mannory, doit ſignifier quelque chôſe, « conduire à quelque chôſe, déterminer « à quelque chôſe. Or des lètres doubles « que l'on ne doit pas prononcer, ne ſigni- « fient rién, ſur-tout, lorſque, come il arive « ſouvent, èles ne marquent pas l'étimolo- « gie, ainſi qu'on le voit dans *home*, *done*, « *honeur*, &c. Ces lètres ne conduiſent à « rién, puiſqu'on ne les doit pas prononcer. « De quele utilité ſont-èles donc dans les

« mots ? èles embarassent en mètant dans « la nécessité d'être en garde contre l'envie « de les prononcer. Il faut aprendre d'abord « que ces lètres doubles doivent être mises, « & ensuite, qu'èles ne doivent pas être « prononcées : double étude totalement inu- « tile. »

On m'objectera peut-être encore que sous prétexte de raprocher l'orthographe de la prononcïation, je veus assujétir les Gens de Lètres à écrire le français de la maniere négligée & confuse dont l'écrivent la plupart des fames qui n'ont point apris leur langue par principes.

Ce n'est pas assurément là ce que je me propôse. Les homes & les fames qui n'ont pas apris leur langue par principes ont une orthographe de hasard, qui n'est fondée sur aucune raison ; & moi, j'ai tâché d'aporter des raisons de la miene : ils n'observent guère les regles de la langue, & j'ai fait en sorte de les observer dans ce que j'ai écrit. Je souhaite à la vérité qu'on retranche les lètres inutiles & sans valeur, mais je ne crois pas qu'un home de lètres soit obligé de conserver ces inutilités, pour qu'on le distingue de ceus qui ne le sont pas : c'est à sa maniere de penser & de s'exprimer qu'on le reconaît ; ce n'est pas par quelques caracteres de plus ou de moins qu'il met dans ce qu'il écrit. Je ne demande pas que les Savants ſuivent l'orthographe des ignorants ; je deſire ſeulement qu'ils mètent un peu plus leur orthographe à la portée de ceus qu'ils ſe propôſent d'inſtruire.

Il eſt ſans doute à ſouhaiter que les meres s'ocupent de la premiere éducation de leurs enfants ; qu'èles leur aprenent à bién parler & à bién lire ; mais peuvent-èles le faire aiſément avèc notre orthographe actüele ? Pour la ſavoir bién, il faut avoir une grande conaiſſance du grèc, du latin, &c. Ces ſecours même, come je crois l'avoir prouvé, ne ſufiſent pas. Pour qu'une mere pût bién aprendre à lire à ſes enfants, il faudrait qu'èle conût les diférents ſons de nos lètres, & qu'èle en formât des regles certaines, fixes, invariables ; eſt-il poſſible qu'èle en viene à bout avèc notre orthographe actüele ? Que les Gens de Lètres eſſayent de montrer à lire à des enfants, & de leur aprendre l'orthographe ; ils vèront quele eſt la diſète de nos regles certaines & invariables ; & ſans ces regles, coment faire un art de l'orthographe & de la lectûre ? coment inſtruire ſans une peine inconcevable, & par conſéquent preſque toujours ſans ſuccês ? coment pouvoir faire reconaître l'uſage au milieu des biſareries multipliées qui le rendent ſi ſouvent méconaiſſable ; au milieu de la variation qui regne dans la maniere d'écrire les mots, de les accentüer, & conséquament de les prononcer ?

Nous avons, je le sais, apris à lire avèc notre orthographe, toute defectüeuse qu'èle est ; mais si nous nous rapelions les peines & les dégoûts que nous avons éprouvés ; si nous étions témoins des pleurs qu'èle ocasione aus enfants qui aprenent actüélement à lire & à orthographier, l'humanité nous engagerait sans doute à les leur épargner. Autrefois il n'y avait guère que les Savants qui sussent lire & écrire ; mais aujourd'hui qu'on aprend à lire & à écrire à presque tous les enfants, il est à souhaiter que la lectûre & l'orthographe soient plus à leur portée.

Come on pourait croire que j'exagere les dificultés de la lectûre, examinons ce qu'il faut savoir pour bién lire les mots où entrent les lètres *em*, *en*, *oi*, *eoi*.

Em, *en*, dans notre langue, sonent ou come *an*, ou come *ème*, *ène*, ou come *én*, c'est-à-dire, come dans les mots latins, *dentes*, *menti*, &c. ou come *a* ; ou enfin èles ne sonent point.

1°. *Em*, *en* ont ordinairement le son nasal, & se prononcent come *an*. *Empêchement*, *tremblement*, *pendant*.

2°. *Em* se prononcent come *ème*, & n'ont plus le son nasal dans les noms propres pris des langues étrangeres : *Jérusalem*, *Harlem*, *Agamemnon*, *Emmanuel* ; dans *décemvir*, *septemvir*, &c.

3°. Les lètres *em* ont le son de l'*a* dans *femme*, *femmelète*, quoiqu'èles aient le son d'*ème* dans *un lemme*, *un dilemme*, *du sel gemme*.

4°. *En* n'ont point le son nasal, & ces lètres se prononcent come *ène*, dans *empenné*, *desempenné*, *triennal*, *décennal*, *abdomen*, *examen*, *himen*, &c. quoique dans *solennel*, *solennité*, *solenniser*, èles se prononcent *solânel*, *solanité*, *solaniser*.

5°. *En* ont le son nasal, & se prononcent come *mentes*, *denti*, dans les mots terminés par *en* ou par *ien*, sans autre consone, & dans leurs dérivés. *Agen*, *le moyen*, *le chrétien*, *la chrétienté*, &c. *Rouen*, se prononce *Rouan* ; *Caen* se prononce *Can*, &c.

6°. *En* ont le même son dans les tems des verbes *tenir*, *venir* & de leurs dérivés : *Je tiens*, *je tiendrai* : *je viens*, *je viendrais*, &c.

7°. *Ien* se prononcent come *ian* dans les noms en *ient* & en *ience* ; *patient*, *patience* ; *expérience*, *émollient*, &c.

8°. *En* ne se prononcent point dans les troisiemes persones des verbes. *Ils portent*, *ils lisent*.

Je le demande, tous ceus qui montrent à

lire, font-ils ces huit obfervations ; & quand ils les feraient, font-èles à la portée de leurs éleves ?

En fuivant mon orthographe, voici ce qu'on obferverait fur *em*, *en*.

1°. *Em*, *en* fans accent fonent come *an* ; *empreffement*, *emprifonement*. 2°. Come *ème*, *ène*, quand l'*e* eft marqué de l'accent ouvert (\`) : *Harlèm*, *Jérufalèm*, *Béthlèèm* ; *abdomèn*, *examèn*, *himèn*. 3°. Come dans le latin *dentes*, *menti*, quand l'*e* a l'accent fermé (´) : *Agén*, *le bién*, *le foutién*, *le citoyén*, *le chrétién*, *la chrétiénté*, *il viéndra*, &c. Il fufirait même d'aprendre aus éleves le fon d'*am*, *an*, *em*, *en*, *èm*, *èn*, *én*, *ién*.

En ne fe prononcent point dans les troifiemes perfones des verbes, & il faudrait une marque qui en avertît ; mais come ces terminaifons revienent fouvent, les enfants s'y acoutument bién vîte : on leur dira qu'on ne prononce pas *en* dans les mots avant lefquels il y a, ou l'on peut mètre immédiatement *ils*, *èles* ; ou dans les mots qui marquent une action, come, *ils courent*, *ils danfent*, *ils lifent*, &c.

Dans l'orthographe actüele, pour bién lire les mots où entrent les lètres *oi*, *eoi*, il faut favoir que ces lètres *oi* & *eoi* ont le fon de l'*è* ou de l'*é*.

1°. Dans les imparfaits, plusque-parfaits & conditionels des verbes : *Je croisois*, *je voyois*, *je lirois*, *j'avois lu ; j'aurois écrit.*

2°. Dans les verbes en *oître* qui ont plus de deus silabes à l'infinitif : *Paroître*, *connoître*, &c. *je parois*, *je connois ;* il en faut excepter *accroître*, *décroître*, qui font *oê*, come *croître.*

3°. Dans *foible*, *monnoie*, *harnois* & plusieurs autres, sur lesquels je ne conais d'autre regle que l'usage.

4°. Dans les noms de peuple, dont on parle souvent : *Les Anglois*, *François*, *Polonois*, &c. Regle peu sûre.

5°. Il faut savoir que ces mêmes lètres, *oi*, *eoi*, ont le son d'*oè*, *oê*, & qu'èles se prononcent en deus sons, mais en une seule émission de vois :

1°. Dans les monossilabes, *moi*, *toit*, *voir.*

2°. Dans les polissilabes qui se terminent en *oi*, *oie*, *oir*, *eoir*, & dans leurs derivés. *Emploi*, *j'envoie*, *le pouvoir*, *l'observatoire*, *égrugeoire*, &c.

3°. Quand *oi*, *oy* sont suivis d'une voyele : *Ondoiement*, *royal*, &c.

4°. Au milieu des mots : *Poisson*, *froisser*, *courtoisie*, &c. 5°. Dans les noms de peuples étrangers dont on ne parle pas souvent : *Les Danois*, *les Chinois*, *les Suédois*, &c. 6°. *Oi* est aussi diphtongue dans *François*, nom propre d'home. 7°. Dans *croître*, *acroître*, & leurs dérivés ; ajoutez à cela plusieurs autres mots qu'on ne saurait aprendre que de l'usage. 8°. Enfin, *oi* sonent come *o*, dans *oignon*, *oignonnet*, *oignonniere*, &c. Que de larmes n'en coûte-t-il pas aus enfants pour se mètre toutes ces bisareries dans la tête ! En changeant en *ai*, les deus letres *oi*, quand èles ont le son de l'*e*, toutes ces dificultés disparaissent.

En voilà, je pense, assez pour faire voir les dificultés, les bisareries & les inconséquences de notre orthographe actüele. Dans ce que je propôse, je le répete, il n'est point question de la bouleverser. Je demande seulement que nous soyons conséquents. Ne fesons pas notre ouvrage à demi ; ne le laissons pas imparfait ; achevons-le. Nous avons déja suprimé les consones sans valeur dans la moitié de nos mots, suprimons-les dans l'autre moitié où èles sont tout aussi inutiles, & où nous somes obligés de les retrancher mentalement quand nous lisons. On l'a déja dit avant moi : *Il est toujours louable en fait d'orthographe, come en autre chôse, de quiter une mauvaise habitude pour en contracter une meilleure, plus conforme aus lumieres natureles & au but de l'art.* Ce que je propôse ne sera-t-il pas, sans contredit, plus simple, plus conforme aus lumieres natureles & au but de l'art ? D'ailleurs, il ſera facile de s'habitüer à cete orthographe. La prononcïation qui nous la fait déja ſuivre pour la moitié de nos mots, nous guidera de même pour l'autre moitié. Avèc notre orthographe actüele, on a beau ſavoir le grèc, le latin & les autres langues de l'Europe, on n'en eſt pas moins embaraſſé ſur l'orthographe & la prononcïation d'une grande quantité de mots ; parce que pour raprocher l'écriture de la prononcïation, on a retranché les lètres étimologiques de la moitié de nos mots, tandis que dans l'autre moitié on a employé des lètres ſans valeur, ou à cauſe de l'étimologie, ou même contre l'étimologie & l'analogie. Coment faire pour aprendre l'orthographe au milieu de tant de biſareries ? Il faut, dit-on, recourir à l'uſage, il eſt conſigné dans nos Dictionaires. Mais, 1°. n'eſt-il pas fort déſagréable d'ouvrir à chaque inſtant un Dictionaire pour ſavoir coment ſe prononce un mot, & ſi l'on en a retranché quelques lètres ? 2°. Je l'ai prouvé, nos Dictionaires ſe contrediſent ſouvent, ou écrivent diféramment les mêmes mots. 3°. Leur orthographe change à chaque nouvele édition. 4°. Ils ne ſont pas d'acord entre eux ſur l'emploi des accents, & ils n'en tirent pas tout l'uſage qu'on peut en tirer, &c, &c.

Je prie les Gens de Lètres qui n'aprouveront pas ce que je propôſe, de vouloir bién détailler leurs raiſons ; parce qu'en matiere de critique, il ne ſufit pas de blâmer en gros ; on ne prouve, on n'inſtruit que par le détail. *M. d'Olivet, Préface des Philippiques.*

www.ingramcontent.com/pod-product-compliance
Ingram Content Group UK Ltd.
Pitfield, Milton Keynes, MK11 3LW, UK
UKHW021557260726
13993UKWH00002B/903